Horst Stahl

Bonsai
leichtgemacht

mit Gestaltungsfotos von
Helmut Rüger

Kosmos

Über viele Jahre hinweg wurde diese Lärche so harmonisch gestaltet.

Die Arbeit an der Pflanze bereitet Freude und zeigt erkennbar ihre Wirkung.

Inhalt

Pflege und Werkzeuge
SEINEN BONSAI MIT SORGFALT BEGLEITEN   40

Bonsai aus jungen Pflanzen
BAUM, JUNG UND ZU HÖHEREM BERUFEN   52

JAPANISCHE FACH-AUSDRÜCKE PFLEGEKALENDER FÜR FREILANDBONSAI   63

Bonsai-Erstkontakt

Gestaltetes Leben in Baumkunst-werken

Die Kunst der Bonsai-Gestaltung hat sich über viele Jahrhunderte bis zur heutigen Form entwickelt. Beim Kauf sollte man bedenken, daß nicht jeder kleine Baum in einer Schale ein Bonsai ist.

Der 22 Jahre alte und 45 cm hohe Ficus retusa ist ein Beispiel für einen sehr guten Zimmer-bonsai.

Die Bonsai-Kunst hat ihre Ursprünge in China und wird dort Pensai genannt. Nach einer mythischen Überlieferung gab es während der Han-Dynastie (206 v. Chr. bis 220 n. Chr.) den Zauberer Jiang-Feng. Dieser soll die Fähigkeit besessen haben, ganze Landschaften mit Gebirgen, Flüssen, Bäumen, Häusern und Menschen verkleinert auf ein Tablett zu zaubern. Noch heute erfreuen sich in China solche Landschaften, Penjing genannt, großer Beliebtheit. Die gestalteten Einzelbäume, Pensai genannt, wirken gegenüber den japanischen Bonsai eher urtümlich und sind nicht so bis ins Detail durchgeformt.

Zwischen Japan und China herrschte immer eine starke kulturelle Bindung. So kamen aus China nicht nur die Schriftzeichen und viele Kunstgegenstände, sondern auch der Buddhismus. Es sollen vor etwa 800 Jahren von buddhistischen Zen-Mönchen auch die ersten Bonsai nach Japan gebracht worden sein. Mit dieser neuen Kunstform beschäftigten sich zunächst die gebildeten Adligen, dann Menschen aller Gesellschaftsschichten. Von Japan aus eroberte die Bonsai-Kunst die Herzen vieler tausend Menschen aller Kontinente.

Den hohen Stellenwert von Bonsai in der Kunst Japans belegen die Darstellungen auf alten Holz-
schnitten.

Mit Bonsai ist auch ein Teil der japanischen Seele hinaus in die Welt gegangen. Soll ein Bonsai auch höchsten Ansprüchen genügen, braucht er viele Jahre der Entwicklung. Entsprechend braucht der Bonsai-Künstler nicht nur viel Geduld, sondern er muß auch vorausschauend handeln lernen. Jede Handlung an dem Baum, die ihn auf dem Weg zur Vollkommenheit unterstützen soll, will wohldurchdacht und auf das spätere Ziel gerichtet sein. Durch die lange Betreuung gibt der Künstler dem Baum ein Stück seines Denkens mit. Bonsai, ein kunstgewordenes Lebensprinzip.

VOM WERDEN UND WESEN DER BONSAI

Bonsai heißt frei übersetzt 'Baum in der Schale'. Schon die Zusammenfassung in einem Wort verdeutlicht die untrennbare Harmonie zwischen Baum und Schale. Erst in der für ihn richtigen Schale wird aus einem gut geformten Baum ein Bonsai. Lediglich in der Erziehungsphase des Baumes ist das Einpflanzen in eine weniger gut geeignete Schale erlaubt. Endgültig eingepflanzt bilden Baum und Schale eine Einheit, wie sie der zwischen einem guten Bild und dem dazugehörigen, pas-

Aus dem 7. Jhd. n. Chr.: eine der ältesten Bonsai-Darstellungen

senden Rahmen entspricht. Der Baum solite so geformt sein, daß er das verkleinerte Abbild seines großen Bruders in der freien Natur ist. Da man grundsätzlich jede sich verholzende Pflanze zu einem Bonsai formen kann, sollte man seine Gestal-

tungsvorbilder in der freien Natur suchen. Man findet die Vorbilder nicht nur in der Ebene, sondern auch an sogenannten Extremstandorten wie dem Hochgebirge oder der Steilküste. Bonsai sind keine speziellen gärtnerischen Züchtungen.

BONSAI-QUALITÄTEN UNTERSCHEIDEN

Im wesentlichen sind drei Baumteile für die Qualität eines Bonsai von entscheidender Bedeutung: Der Wurzelansatz, der Stamm und die Verästelung.

Ein kraftvoller Wurzelansatz ist absolut notwendig, will man den Eindruck eines fest mit der Erde verwurzelten, alten Baumes vermitteln. Bei geraden Stämmen streben von der Stammbasis aus kräftige Wurzeln mehr oder weniger sternförmig nach außen in den Boden. Bei geneigten Stämmen sehen wir in der Stammverlängerung längere Wurzelbereiche, unterhalb der Stammneigung kürzere Oberflächenwurzeln.

Der Stamm sollte sich gleichmäßig vom Wurzelansatz bis hinauf in die Krone verjüngen. Alle abrupten Dickenänderungen stören das Bild eines alten Baumes. Bei gewundenen Stämmen sind die Biegungen so anzulegen, daß sie ruhig und harmonisch verlaufen und von unten nach oben immer weniger raumgreifend sind. Unruhige Zick-Zack-Bewegungen zeugen von gestalterischem Unvermögen. Äste und Zweige sind wie das Muster eines Textils, ohne sie hat der Baum keine Form. Die Äste sind so anzulegen, daß sie die Vorderseite des Stammes in den unteren ein bis zwei Dritteln nicht verdecken.

Der untere Ast muß auch immer der dickste und längste Ast sein. Die folgenden Äste verlaufen fast spiralig von unten nach oben um den Stamm und werden in dieser Reihenfolge auch kürzer und dünner.

In gleicher Reihenfolge nimmt die Verzweigung der Äste ab. Die feine Verzweigung der Äste sollte dem Schema der Baumart in der freien Natur folgen. Qualitätsbonsai wirken stets natürlich, nie gekünstelt.

BONSAI RICHTIG EINKAUFEN

Worauf Sie generell achten sollten

Wenn Sie für sich selbst oder als Geschenk einen Bonsai kaufen wollen, sollten Sie nach Möglichkeit den Bonsai-Fachhandel aufsuchen. Nur hier finden Sie die der Bonsai-Kunst angemessene Fachberatung sowie eine umfangreiche Auswahl an Qualitätsbonsai unterschiedlicher Preiskategorien.

Die häufig angebotenen Billigpflanzen sind unter Umständen als „Trainingspflanzen" für die richtige Pflege geeignet, sie werden sich aber in den seltensten Fällen, selbst bei gutem gestalterischem Können, zu guten Bonsai erziehen lassen. Einfache Bonsai, die diesen Namen auch verdienen, kosten mindestens DM 100,–. Für gute und hervorragende Bonsai muß man mehrere bis viele tausend DM bezahlen. Kaufen Sie Bonsai niemals über den Versandhandel. Der Bonsai ist ein individuelles Kunstwerk, das man auch individuell aussuchen sollte.

Den geeigneten Bonsai gezielt wählen

▶ Sehen Sie sich alle Bonsai genau an, und lassen Sie sie auf sich wirken. Normalerweise kommen dabei einige Bonsai in die engere Wahl.

▶ Fragen Sie den Fachhändler nach den speziellen Pflegebedürfnissen der in Aussicht genommenen Pflanzen und nach deren zukünftigen Gestaltungsmöglichkeiten.

▶ Macht der Baum einen gesunden Eindruck? Oder können Sie Schädlinge entdecken? In solch einem Fall ist von einem Kauf abzuraten.

▶ Sollte der Baum eingedrahtet sein und haben Sie mit dem Entdrahten keine Erfahrung, fragen Sie den Händler, ob er Ihnen zur gegebenen Zeit beim Entdrahten behilflich ist.

▶ Gerade für den Bonsai-Neuling kann ein frisch umgetopfter Bonsai ein Pflegerisiko darstellen. Deshalb sollte der Baum gut eingewurzelt sein und innerhalb des nächsten Jahres nicht umgetopft werden müssen.

Mame-Bonsai nennt man die Miniaturen unter den Bonsai.

Die dicken Wurzeln des Dreispitzahorns umklammern einen Stein.

Grundstilarten

In Topform – eine Frage des Stils

Nach den Baumvorbildern in der freien Natur wurden in der Bonsai-Kunst bestimmte Gestaltungsformen entwickelt, die Grundstilarten.

Zelkoven werden häufig in der Besenform gestaltet.

Mehrere Stämme bilden bei der Zierquitte eine Einheit.

Im Erbmaterial jeder Baumart ist eine gewisse Variationsbreite der späteren Baumform und -größe angelegt. Wie groß der Baum tatsächlich wird und welche Form sich entwickelt, hängt aber auch von seinen speziellen Standortbedingungen ab, unter denen er existiert. Die klimatischen Faktoren, aber auch die Bodenzusammensetzung und die darin vorhandenen Nährstoffe arbeiten formgebend und größenbestimmend an dem Baum.

Mit der Erziehung zum Bonsai bestimmt der Mensch die Bedingungen, unter denen der Baum lebt, und er arbeitet gemeinsam mit dem Baum an dessen Form und Größe. Durch genaues Betrachten der vorhandenen Gestaltungselemente ermittelt der Bonsai-Künstler das Gestaltungspotential des Baumes und versucht dieses Potential zu fördern. So entsteht ein zunehmend ausgereifter Bonsai.

Mädchen-Kiefer in gelehnter Form.

Die Mädchen-Kiefer in frei aufrechter Form ist weit über 100 Jahre alt.

Eine Quitte in streng aufrechter Form mit reichem Fruchtansatz.

DIE FREI AUFRECHTE FORM

Sie entsteht durch mehr oder weniger starke Stammbiegungen, die von unten nach oben immer weniger ausladend gestaltet sind. Die Krone des Baumes liegt im Lot über dem optischen Schwerpunkt des Baumes und neigt sich leicht zum Betrachter hin.

Die dickeren Äste entspringen an den Außenseiten der Stammbiegungen, nehmen die Bewegungen des Stammes auf. Sie sind die organische Weiterführung der Stammbewegungen und wachsen in horizontaler Richtung. Die Silhouette des Baumes bildet ein ungleichschenkliges Dreieck.

Als Schalen kommen flache ovale oder rechteckige in Frage, wobei die Breite der Schale zwei Drittel der Baumhöhe entspricht. Die Höhe des Schalenrandes entspricht der Dicke des Stammes an seiner dicksten Stelle. Der Baum wird etwa ein Drittel von einer Schalenseite und kurz hinter der Schalenmittellinie gepflanzt.

DIE STRENG AUF-RECHTE FORM

Bei dieser Grundstilart haben wir vom Wurzelansatz bis hinauf zur Kronenspitze einen durchgehend geraden Stamm, wobei kleinere Stammbiegungen erlaubt sind. Der Stamm verjüngt sich gleichmäßig vom Wurzelhals bis zur Baumspitze. Das untere Drittel des Stammes trägt keine Äste. Der unterste Ast, der Hauptast, zeigt zu einer der beiden Stammseiten. Im Gegensatz zum Stamm haben die Äste sparsame, aber markante Biegungen. Zum Kronenbereich hin werden die Äste immer kürzer, dünner und weniger verzweigt. Für die Schalenauswahl gelten dieselben Regeln wie für die frei aufrechte Form.

Diese Zelkove im Winter zeigt ihre Besenform.

Der kurze, dicke Stamm der Mädchen-Kiefer neigt sich rasch über den Schalenrand in die Tiefe.

DIE BESENFORM

Mit ihrem relativ kurzen, unbeasteten Stamm, der sich in einem Drittel der Baumhöhe in viele feinverzweigte Äste auflöst, repräsentiert die Besenform einen Laubbaum mit freiem Stand in der Natur. Die Krone bildet fast eine Halbkugel und macht zwei Drittel der Gesamthöhe des Baumes aus.

Läßt man einen neuen Trieb zu lang wachsen, besteht die Gefahr, daß der Ast sich überproportional verdickt und damit nicht mehr zum Gesamtbild paßt. Bei der Auswahl der Schale

gelten dieselben Kriterien wie für die streng oder frei aufrechte Form.

DIE KASKADE

Die Kaskade stellt Szenerien dar, wie man sie an einer Steilküste oder im Hochgebirge vorfindet. Die Hauptbewegungsrichtung geht bei der Kaskade über den Schalenrand zum Schalenboden hin. Die Anordnung des Stammes und der Äste gleichen einem grünen Wasserfall. Die Äste und Zweige mit den S-förmigen Schwüngen sind so angeordnet, daß die Laubpolster von der Schale wegweisen. Auf der

starken ersten Stammbiegung erhebt sich häufig eine niedrige, meist schirmförmige Krone, die wie in der frei aufrechten Form gestaltet wird.

Eine typische Kaskadenschale ist rund, quadratisch oder mehreckig und immer recht tief. Sie soll dem überhängenden Baum sowohl als optisches wie auch als tatsächliches Gegengewicht dienen. Der Schalendurchmesser entspricht etwa dem Fünffachen des Stammes. Die Kaskade wird genau in die Mitte der Schale gepflanzt und neigt sich dabei über eine der Schalenseiten hinaus.

Der Wald aus Kerbbuchen besteht aus 17 Einzelbäumen.

GRUPPEN- UND WALDPFLANZUNGEN

Gestaltungen in der Wald-form sind beliebt, weil man häufig schon nach recht kurzer Zeit ein sehenswer-tes Ergebnis hat.
Und so wird's gemacht:

▶ Es sollten nur Bäume ein und derselben Art verwen-det werden. Bei Mischbe-pflanzungen treten wegen der unterschiedlichen Be-dürfnisse der verschiedenen Baumarten häufig Pflege-probleme auf.

▶ Um Symmetrie zu vermei-den, wählt man eine ungera-de Zahl von Bäumen aus. Die Anzahl ist lediglich durch die Größe der Schale begrenzt.

▶ Die Schale oder das Pflanz-tablett sollte großflächig und sehr flach sein.

▶ Bei der Auswahl der Bäu-me achtet man darauf, daß die einzelnen Bäume unter-schiedliche Stammdicke und -höhe haben.

Beispiel (s. o.): 17 Bäume bilden einen lockeren Buchenwald. Der Haupt-baum (dickster und höch-ster) ist etwas mehr als ein Drittel vom rechten Scha-lenrand entfernt. Ein Drittel vom linken Schalenrand entfernt sehen Sie den er-sten Nebenbaum (zweit-dickster). Der drittdickste Baum steht rechts neben dem Hauptbaum etwas mehr im Vordergrund. Von oben betrachtet bilden die gedachten Verbindungslini-en der drei Bäume die Form eines ungleichschenkligen Dreiecks.

Um den Hauptbaum und den ersten Nebenbaum sind die übrigen Bäume so arrangiert, daß zwei Baumgruppen entstehen. Um beiden Gruppen Tiefenwirkung zu geben, sind einige der dünnsten und niedrigsten Bäume in den Hintergrund gepflanzt.

Beim Setzen aller Bäume ist darauf zu achten, daß niemals drei oder mehr Bäume in einer Linie stehen.

ABGELEITETE GRUNDSTILARTEN

Sowohl von den bisher besprochenen Grundstilen der Einzelbonsai als auch von der Waldform leiten sich einige Variationen ab.

Mehrfachstämme

Hierbei handelt es sich um alle Grundstilarten, bei denen aus einem Wurzelballen mehr als ein Stamm wächst. Es gibt den Zweifachstamm, den Dreifachstamm und die Vielfachstämme.

Bei allen **Vielfachstämmen** gelten dieselben Gestaltungskriterien wie bei der Waldform: Eine ungerade Anzahl von Stämmen unterschiedlicher Dicke und Größe ist so arrangiert, daß sie eine Baumgruppe bilden. Große und dicke Stämme bilden den Vordergrund, kleinere, dünnere Stämme

stehen im Hintergrund und geben so der Gestaltung optische Tiefe.

Der Mehrfachstamm wird gebildet, wenn aus dem noch lebenden Baumstumpf eines gefällten Baumes viele neue Stämme heranwachsen.

Erhebt sich der gemeinsame Wurzelansatz schildartig über den Boden, sprechen wir von einem Bonsai im **Stil des Schildkrötenpanzers.**

Bei der **Floßform** ist der

ehemalige Stamm „umgestürzt", auf der Unterseite bewurzelt, seine Äste sind zu neuen Stämmen geworden.

Bei der **kriechenden Form** sind Äste, die nah dem Erdboden dem Stamm entspringen, auf den Boden gedrückt und auf ihrer Unterseite bewurzelt.

Der Hauptstamm ist als solcher erhalten geblieben, ihm gesellen sich ehemalige Zweige der niedergelegten Äste als Nebenstämme zu.

Der gemeinsame Wurzelhals der Gruppe aus Dreispitzahorn bildet einen Schildkrötenpanzer.

Die Literatenform

Sie soll mit ihrem langen, schlanken Stamm und den nur wenigen, mäßig ausladenden und gering belaubten Ästen an einen in asketischer Einsamkeit lebenden alten Gelehrten erinnern. Entsprechend muß der Stamm alle Merkmale eines alten Baumes aufweisen, will er in seiner Aussage überzeugen.

Zur Unterstreichung der Gesamtaussage muß die untere Hälfte bzw. zwei Drittel des Stammes unbeastet sein. Ansonsten kann die Stammführung sowohl von der freien aufrechten oder der streng aufrechten Form als auch von der Kaskade abgeleitet sein.

Als Schale eignet sich eine runde, sehr flache Schale, die im Durchmesser höchstens ein Drittel der Baumhöhe aufweist.

Der Chinesische Wacholder vereinigt in sich Stilelemente der Literatenform und der gelehnten Form.

Die gelehnte Form

Ebenfalls entweder von der streng aufrechten oder der frei aufrechten Form abgeleitet ist die gelehnte Form, kann sie doch sowohl einen geraden als auch einen gewundenen Stamm besitzen. Namensgebend ist hier die Neigung des Stammes zwischen 11 ° und 45 ° gegenüber der Erdoberfläche. Die Äste auf der erdzugewandten Seite sind weniger kräftig, während die der erdabgewandten Seite ausladender und stärker verzweigt sind.

Die windgepeitschte Form

Hier wird die Szenerie einer windexponierten Stelle in der freien Natur nachgeahmt. Durch den ständig von einer Seite kommenden starken Wind werden Stamm und Äste vor allem in die windabgewandte Richtung gelenkt. Immer zeigen aber vor allem die dickeren Äste von der Windrichtung weg und verlaufen damit mehr oder weniger parallel zur Erdoberfläche.

Sowohl bei der gelehnten als auch bei der windgepeitschten Form wählt man eine ovale oder rechteckige Schale aus. Die Höhe des Schalenrandes entspricht der Stammdicke.

Nur selten gehört ein Bonsai exakt einer definierten

Grundstilart an. Bei allen Gestaltungsarbeiten gilt demzufolge der Grundsatz: Die angestrebte Gesamtgestaltung sollte sich natürlich aus den vorhandenen Möglichkeiten ergeben. Immer ist die Gestaltung das Ergebnis eines intensiven Studiums der individuellen Möglichkeiten eines Baumes. Die Gestaltungsarbeiten ergeben sich dann aus dem hier gefundenen Potential der Pflanze.

Der Landschaftstil

Mit einigen Bonsai, mehreren an Felsmassive erinnernden Steinen, feinem Kies und einer flachen Schale oder einem flachen Tablett lassen sich auch ganze Landschaften oder Landschaftsausschnitte nachgestalten. Wie schon bei der Waldform besprochen, können auch hier wieder Bonsai verwendet werden, die als Einzelbonsai nur wenig Aussage haben.
Bei Saikei-Pflanzungen sind der Phantasie des Gestalters kaum Grenzen gesetzt. Beim Setzen der Bäume kann man sich an den Kriterien für die Pflanzung eines Waldes orientieren. Entscheidend bei der Anlage solcher Pflanzungen ist das proportional genaue aufeinander Abstimmen der verschiedenen verwendeten Gestaltungselemente.

Eine Landschaftsgestaltung mit Sicheltannen.

Sageretie mit vielen Stilelementen der windgepeitschten Form.

Geeignete Baumarten

Wählen aus der Vielfalt

Im Prinzip ist fast jede verholzende Pflanzenart bonsai-geeignet. Im Laufe der langen Geschichte haben sich einige Baumarten als besonders tauglich für die Bonsai-Kunst herausgestellt.

Igelwacholder in frei aufrechter Form

Roter Fächerahorn in frei aufrechter Form

**Gingko als Mehrfachstamm –
eher ungewöhnlich**

Feuerdorn mit reichem Blütenschmuck

Auf den folgenden Seiten
finden Sie zu den wichtig-
sten bei der Bonsai-Kunst
verwendeten Gehölzarten
auf je einer Seite alle Informationen, die Sie benötigen,
um Ihren Bonsai sachge-
recht zu pflegen und in
Form zu halten.
Die farbige Fahne an der
Seitenkante trägt den bota-
nischen Namen, in deren al-
phabetischer Reihenfolge
auch die Arten geordnet
sind. Ist die Farbe der Fahne blau, handelt es sich um
einen Freilandbonsai, ist sie
grün, um einen Zimmer-
bonsai.
Die Überschrift nennt den
gebräuchlichsten deutschen
Namen der Art. Die bota-
nischen Eigenheiten finden
Sie im anschließenden Text.
Der Kasten mit den Hin-
weisen zu Pflege und Form-

erhaltung enthält zu der jeweiligen Gehölzart Informationen über den richtigen
Standort, die Überwinte-
rungsbedingungen, wann
gegossen werden muß, den
Düngeplan, den Form-
schnitt und die günstigste
Zeit zum Drahten. Da in
den Regionen Europas Kli-
ma und Jahreszeitenausprä-
gungen variieren, beziehen
sich die Angaben auf die
Normalbedingungen Mittel-
europas. In kälteren oder
wärmeren Regionen müs-

sen die Pflegemaßnahmen
zeitlich entsprechend ange-
glichen werden.
In das Bonsai-Bild sind einige **Zusatzinformationen**
eingebracht. Dies können
Hinweise auf botanische Be-
sonderheiten sein, gegebe-
nenfalls auch Überlegungen
zu Gestaltungselementen
an dem Baum. Immer wer-
den einige Aussagen zu der
ausgewählten Schale ge-
macht, denn Schale und
Pflanze bilden stets eine gestalterische Einheit.

DREISPITZAHORN

In den Bergwäldern Japans und Ostchinas wird der Dreispitzahorn ein hoher Baum mit kegelförmiger Krone. Die Farbe der Borke ist zunächst grau, wird aber nach einigen Jahren scheckig in vielen Grau- und Brauntönen, wenn sie in unregelmäßigen Platten abzublättern beginnt.

Namensgebend sind die kleinen, in drei kurze, zugespitzte Lappen auslaufenden Blätter, von denen sich an einem Zweig immer zwei genau gegenüberliegen. Die Blätter sind im Austrieb hellgrün und behaart, werden im Sommer dunkelgrün, um schließlich nach der Herbstfärbung in den schönsten Gelb- und Orangefarbtönen abzufallen. Wegen seiner Wuchsfreudigkeit lassen sich Gestaltungsfehler meist recht schnell wieder ausgleichen. Daher ist der Dreispitzahorn für Neulinge recht gut geeignet.

Ähnlich in der Form und Pflege sind der bei uns heimische Feldahorn (Acer campestre) und der Französische Ahorn (Acer monspessulanum).

Standort: Im Sommer halbschattig bis vollsonnig, im Winter ab −5 °C den Wurzelballen gegen Durchfrieren und die oberirdischen Teile gegen trocken-kalte Winde schützen.

Gießen: Gleichmäßig feucht halten und niemals ganz trocken werden lassen, Staunässe vermeiden.

Düngen: Gedüngt wird alle zwei Wochen mit einem Flüssigdünger. Die Düngezeit beginnt nach dem Austrieb im Frühjahr und endet beim Einsetzen der Herbstfärbung.

Umtopfen: Alle zwei bis drei Jahre mit einem Wurzelschnitt im zeitigen Frühjahr in eine Mischung aus Akadama und Humus im Verhältnis 2:1.

Formerhaltung: Vor dem Austrieb werden überlange Triebe eingekürzt und die Form störende Äste und Zweige entfernt. Neue Triebe läßt man auf sechs bis acht Blattpaare heranwachsen und schneidet auf ein bis zwei Blattpaare zurück. Von großen Blättern entfernt man in der Wachstumszeit die Blattflächen und läßt die Blattstiele stehen. Die fallen bald ab, und aus den Blattachseln wachsen kurze Triebe mit kleineren Blättern.

Drahten: Gedrahtet wird kurz vor dem Austrieb, sobald die Äste und Zweige durch den Saftstrom wieder elastischer geworden sind. Nach einem halben bis einem Jahr den Draht entfernen.

Dreispitzahorn in Waldform

c) Die Kronen der Bäume sind so gestaltet, daß sie eine Einheit bilden.

a) Ein Drittel der Schale bleibt unbepflanzt, was der Waldpflanzung mehr Natürlichkeit gibt.
b) Die Glasur symbolisiert die Frische des Wassers.

FÄCHERAHORN

In Japan und Korea wird der Fächerahorn ein großer Strauch bis mittelgroßer Baum. Er und die etwa 500 von ihm gewonnenen Sorten gehören zu den schönsten Laub-Bonsai.

Die Blätter sind bis tief unter die Mitte in fünf bis elf zugespitzte Lappen gespalten. Auch bei den Früchten sind immer zwei Samen in einem bestimmten Winkel miteinander verbunden.

Je nach Sorte sind die Blätter im Austrieb lindgrün bis bronzefarben. Die Herbstfärbung reicht entsprechend von gelb bis scharlachrot, wobei die Intensität der Laubfärbung stark von der Sonnenbestrahlung im Sommer abhängig ist.

Auch die Rindenstruktur kann bei den verschiedenen Sorten von glatt bis tiefrissig sein. Ebenso ist es mit der Rindenfärbung, auch sie kann von graubraun bis grünlich mit schlangenhautartigem Muster variieren. Bei der Art ist die Rinde glatt und dunkelgraubraun mit einem lederfarbigen Streifenmuster.

Es gibt auch Sorten mit sehr fein geschlitzten Blättern. Grundsätzlich gilt: Je feiner die Blätter geschlitzt sind, desto langsamer wächst der Baum. Geschlitzte Blätter wirken sehr apart.

Standort: Halbschatten, aber auch vollsonnig. Im Winter frostfrei aufstellen, aber nicht wärmer als +8 °C.

Gießen: Gut feucht halten, aber Staunässe vermeiden.

Düngen: Nach dem Austrieb bis zum Beginn der Herbstfärbung alle zwei Wochen mit Flüssigdünger.

Umtopfen: Alle zwei bis drei Jahre mit einem Wurzelschnitt im zeitigen Frühjahr in eine Mischung aus Akadama und Humus im Verhältnis 2:1.

Formerhaltung: Dicke Äste werden etwa im Februar entfernt.

Bei noch jungen Bäumen, die in der Entwicklung sind, läßt man den Neuaustrieb auf sechs bis acht Blattpaare heranwachsen und schneidet dann auf ein bis zwei Blattpaare zurück. Hat der Bonsai seine Form erreicht, müssen bereits beim Öffnen der Knospen die Triebe gezupft werden. Dazu zupft man zwischen dem ersten sich bildenden Blattpaar die junge Triebspitze heraus. Bilden sich zu große Blätter, wird Anfang Juni ein Blattschnitt durchgeführt. Für einen Blattschnitt muß der Baum absolut gesund sein.

Drahten: Mit dem Drahten müssen wir warten, bis im Frühjahr der Saftstrom die Äste wieder flexibler macht. Im Winter sind die Äste für ein Drahten zu brüchig. Eingebrachter Draht wird nach einem halben bis ganzen Jahr entfernt.

Fächerahorn in frei aufrechter Form

a) Im Austrieb sind die Blätter rötlich.

a

b) Die weiße Glasur der ovalen Schale kontrastiert mit der Rindenfarbe.

b

CARMONA MICROPHYLLA

FUKIEN-TEE

In seiner Heimat Südchina wächst der Fukien-Tee als immergrüner Strauch oder kleiner Baum. Da die Triebe ganz gerade wachsen, hat er ein sparriges Aussehen. Die kleinen, dunkelgrünen Blätter tragen auf der Oberseite kurze, steife, weiße Härchen. Aus den kleinen weißen Blüten, die das ganze Jahr über erscheinen, entwickeln sich zunächst grüne, später rote Beeren. Die Rinde am Stamm und

Standort: Der Standort sollte möglichst hell, aber nicht in der prallen Sonne sein. Er kann zwar das ganze Jahr über im Zimmer sein, sollte aber im Sommer an halbschattigem Platz im Freien stehen.
Gießen: Der Fukien-Tee übersteht zwar kürzere Trockenperioden, wirft aber dann seine Blätter ab. Deshalb gleichmäßig feucht halten, Staunässe aber vermeiden.
Düngen: Vom Frühjahr bis zum Herbst alle zwei Wochen, im Winter alle vier Wochen mit einem Flüssigdünger.
Umtopfen: Alle zwei Jahre mit einem Wurzelschnitt im zeitigen Frühjahr in eine Mischung aus Akadama und Humus im Verhältnis 2:1.
Formerhaltung: Triebe mit kurzen Blattzwischenräumen

auf sechs bis acht Blätter heranwachsen lassen und dann auf zwei bis drei Blätter zurückschneiden. Triebe mit langen Blattzwischenräumen entfernt man entweder ganz oder läßt sie auf drei bis vier Blätter heranwachsen und schneidet auf ein Blatt zurück. Beim Entfernen dickerer Äste wird die Wunde mit einem Wundverschlußmittel behandelt.
Drahten: Will man das sparrige Aussehen vermeiden, kommt man um ein Drahten nicht herum. Da die verholzten Zweige sehr brüchig sind, müssen die Triebe gedrahtet werden, solange sie noch krautig und weich sind. Die richtige Zeit ist, wenn die neuen Triebe gerade beginnen, ihre grünliche Färbung zu verlieren.

Ein Fukien-Tee, wie er im Handel erhältlich ist.

**b) Lang-
gezogene,
achteckige Schale
mit tiefblauer
Glasur.**

a) Der sparrige Wuchs kann nur durch frühzeitiges Drahten korrigiert werden.

an dickeren Ästen ist graubraun und feinrissig. An dünneren Zweigen ist die Rinde glatt und grau. Im Handel angebotenen Pflanzen sind aus China importiert und oft mit Miniaturen von Pagoden oder Tempeln verziert.

TIP: Die in China verwendete Erde kann wegen hohen Lehmanteils bei einmal trocken gewordenen Pflanzen zum Pflegeproblem werden – solche Pflanzen besser in andere Erde umtopfen.

Standort: Ganzjährig hell, keine pralle Sonne. Im Winter sollte ab –5 °C der Wurzelballen gegen Durchfrieren geschützt werden.

Gießen: Da die Wurzeln sowohl auf Trockenheit als auch auf Staunässe empfindlich reagieren, sollte der Boden gleichmäßig recht feucht gehalten werden.

Düngen: Nach dem Austrieb mit einem zweiwöchigen Düngerythmus bis Mitte September beginnen.

Umtopfen: Alle zwei bis drei Jahre mit einem Wurzelschnitt in eine Mischung aus Akadama und Humus im Verhältnis 3:1, wenn im Frühjahr die Knospen schwellen.

Formerhaltung: Vor dem Austrieb wird die Form überarbeitet, dabei Entfernen und Rückschnitt der die Form störenden Äste und Zweige. Dickere Endknospen werden vorsichtig herausgebrochen. Neue Triebe läßt man wachsen, bis sie auszuhärten beginnen, man schneidet dann auf zwei bis drei Blätter zurück. Ab Mitte August wird nicht mehr geschnitten.

Drahten: Ältere Baumteile werden bei Bedarf im Frühjahr, kurz vor dem Austrieb, gedrahtet. Diesjährige Triebe kann man bereits im halbverholzten Zustand drahten, am besten zugleich mit dem erforderlichen Rückschnitt.

Spitze aus. Sie hat eine goldgelbe Herbstfärbung. Die Borke ist glatt, grau und ein wenig rippig.

Im Handel finden wir auch die Herzblättrige Hainbuche (*Carpinus cordata*) mit herzförmigen Blättern und einer interessanten braungrauen, schuppigen Borke. Lohnenswert ist auch die Felsen-Hainbuche (*Carpinus turczaninowii*) mit nur drei bis fünf Zentimeter langen Blättern.

JAPANISCHE HAIN-BUCHE

Die Japanische Hainbuche ist ein kleiner Baum oder großer Strauch mit gedrehtem Stamm und hervorstehenden Rippen. Die schöne, gemusterte, hell graubraune, rissige Rinde schilfert in großen Stücken ab. Die Blätter sind mit fünf bis zehn Zentimeter Länge recht klein, ungleich gesägt, beiderseits weich behaart, im Austrieb rötlich und mit gelber Herbstfärbung.

Die bei uns heimische Gemeine Hainbuche (*Carpinus betulus*) hat ebenfalls fünf bis zehn Zentimeter lange Blätter, nur laufen diese mehr oder weniger in einer

Japanische Hainbuche als Dreifachstamm

a) Die Krone ist sehr dicht und fein verästelt

c) Die beiden Nebenstämme sind unterschiedlich dick und hoch.

b) Die Borke ist schön gemustert.

d) Die schlichte Schale ist besonders wertvoll.

ZIERQUITTE, ZWERGMISPEL, QUITTE

Die Zierquitten (*Choenomeles*) sind laubabwerfende Sträucher mit meist dornigen Zweigen. Da die Blüten immer nur am vorjährigen Holz erscheinen, darf man beim Formschnitt nicht das gesamte vorjährige Holz entfernen.

Die Zwergmispeln (*Cotoneaster*) sind dornenlose, sommer- oder immergrüne Sträucher oder kleine Bäume. Die Blätter sind ganzrandig mit schmalen Ne-

Standort: Vollsonnig im Sommer. Im Winter ab −5 °C geschützt aufstellen.

Gießen: Der Boden sollte immer gleichmäßig feucht gehalten werden, wobei Staunässe zu vermeiden ist.

Düngen: Vom Austrieb bis zum Herbst alle zwei Wochen düngen, während der Blüte und nach der Fruchtreife nicht.

Umtopfen: Alle zwei bis drei Jahre im Spätherbst oder zeitigen Frühjahr mit einem Wurzelschnitt in Akadama.

Formerhaltung: Bei Zierquitten und Zwergmispeln läßt man die jungen Triebe bis Ende Mai wachsen und zupft dann die Spitze ab. Nachdem

die Rinde von dunkelgrün nach braun übergegangen ist, wird auf zwei bis drei Blätter zurückgeschnitten. Nach dem Laubfall wird bis zu einer rundlichen Blütenknospe zurückgeschnitten. Bei der Quitte werden bis zum Frühsommer die Triebe bei fünf bis sechs Blättern auf zwei bis drei Blätter zurückgeschnitten. Danach wird nicht mehr geschnitten. Erst nach der Blüte im nächsten Jahr werden die Bonsai in Form gebracht.

Drahten: Wegen Bruchgefahr werden nur solche Triebe gedrahtet, die gerade auszuhärten beginnen.

Quitte mit reichem Blütenansatz in frei aufrechter Form

a) Die zartrosa Blüten entwickeln sich an den Spitzen vorjähriger Triebe.

b) Historische Schale mit tiefblauer, verlaufener Glasur.

benblättern. Die Blüten stehen einzeln oder bilden vielblütige Blütenstände. Sie sind meist weiß, seltener auch hellrosa. Nach der Befruchtung bilden sich erbsengroße, meist rote Apfelfrüchte.

Die Quitte (*Cydonia oblonga*) wird ein bis zu sechs Meter hoher Strauch oder kleiner Baum. Die Zweige sind dornenlos. Die Blätter sind fünf bis zehn Zentimeter lang, rundlich-eiförmig, tiefgrün und ganzrandig mit gelber Herbstfärbung. An der Spitze vorjähriger Triebe erscheinen im Mai/Juni die zartrosa Blüten, aus denen sich apfeloder birnenförmige, gelbe, aromatische Früchte entwickeln.

BUCHEN

Die Buchen sind sommergrüne, hohe Bäume mit glatter grauer bis weißlicher Rinde. Die Blätter sind wechselständig und am Rande gewellt oder fein gezähnt. Die Winterknospen sind mehr oder weniger schlank und laufen spitz zu. Das braune Herbstlaub bleibt häufig den ganzen Winter über am Baum und wird erst im Frühjahr beim Austrieb abgeworfen. Die japanische Kerbbuche (*Fagus crenata*) hat bereits in der Jugend eine silbergraue Rinde. Die Blätter sind fünf bis acht Zentimeter lang, eiförmig und unter der Mitte am breitesten. Die europäische Rotbuche (*Fagus silvatica*) hat eine graue Rinde, die mit dem Alter heller wird. Die Blätter sind eiförmig-elliptisch, fünf bis zehn Zentimeter lang, frischgrün, unterseits hellgrün.

TIP: Bäume dürfen im Wald nur mit der ausdrücklichen Genehmigung des Besitzers ausgegraben werden.

Standort: Hell, nicht in der prallen Sonne. Im Winter zwischen −5 °C und +5 °C halten.
Gießen: Das ganze Jahr über gleichmäßig feucht halten. In der Sonne nicht überbrausen.
Düngen: Nach dem Austrieb mit zweiwöchigem Düngerhythmus bis Mitte August beginnen.
Umtopfen: Alle zwei bis drei Jahre mit einem Wurzelschnitt im zeitigen Frühjahr.
Formerhaltung: Soll der Bonsai eine reichere Verzweigung bekommen, läßt man die jungen Triebe so lange wachsen, bis sie beginnen, braun zu werden. Nun wird auf zwei bis drei Blätter zurückge-

schnitten. Bereits ausgereifte Bonsai sollen eine feine Verzweigung mit kurzen Blattabständen besitzen. Sobald sich die Knospen im Frühjahr öffnen, ergreifen wir mit den Fingern die Triebspitzen und zupfen sie so ab, daß nur zwei bis drei Blätter erhalten bleiben. Dadurch wird das Längenwachstum zwischen den Blättern reduziert. An manchen Stellen stehen im Frühjahr mehrere Knospen dicht gedrängt. Bis auf die Knospen, die für die Verzweigung wichtig sind, werden alle anderen herausgebrochen.
Drahten: Nur junge, gerade aushärtende Triebe.

Die Rotbuche in frei aufrechter Form wurde im Wald gefunden

a) Die Astetagen befinden sich an den Außenseiten der Stammbiegungen.

a

c) Diese Schale unterstreicht die Form des Baumes.

c

b) Moospolster verhindern das rasche Austrocknen der Erdoberfläche.

b

TROPISCHE FEIGEN

Von den tropischen Feigen
sind etwa 800 Arten be-
kannt, von denen die klein-
blättrigen Bonsai fürs Zimmer geeignet sind. Die Blüten befinden sich in hohlen
Kelchbechern, die an kleine
Feigen erinnern. Um daraus
Feigen werden zu lassen,
müssen sie von speziellen
Gallwespen befruchtet werden.
Die Birkenfeige (Ficus benja-
mina) ist eine bekannte
Zimmerpflanze. Die Zweige
sind überhängend, die Rinde ist ziemlich glatt. Die
Blätter sind fünf bis zehn
Zentimeter lang, dünn le-

Standort: Ganzjährig an einem hellen Süd-, Ost- oder
Westfenster, aber nicht weiter als einen Meter von der
Scheibe entfernt. Feigen sollten bei starker Sonnenein-
strahlung schattiert werden.
Im Sommer sind die Feigen
für einen Standort im Freien
dankbar. Im Winter sollten
die Zimmertemperaturen zwischen 15 °C und 25 °C liegen.
Gießen: Vor dem nächsten
Gießen sollte die Erde leicht
antrocknen. Gießwasser muß
zimmerwarm sein.
Düngen: Von Frühjahr bis
Herbst alle zwei Wochen mit
einem Flüssigdünger, im Win-

ter nur alle vier Wochen.
Umtopfen: Mit einem mäßigen Wurzelschnitt im zeitigen
Frühjahr in eine Mischung
aus Akadama und Humus im
Verhältnis 2:1.
Formerhaltung: Wie alle tropischen Bäume haben auch
die Feigen im Laufe eines
Jahres mehrere Wachstums-
schübe. Neue Triebe läßt man
auf vier bis fünf Blätter wachsen und schneidet dann auf
ein bis zwei Blätter zurück.
Drahten: Verholzte Triebe
können das ganze Jahr über
gedrahtet werden. Sobald
der Draht einwächst, muß er
entfernt werden.

**Der Ficus retusa in frei auf-
rechter Form ist etwa 25 Jahre alt**

a) Viele Luftwurzeln
geben dem Stamm
ein knorriges
Aussehen.
a

b) Die rechteckige
Form der unglasier-
ten Schale bildet
einen Kontrast zum
Stamm.
b

derartig, elliptisch und laufen in einer gebogenen Spitze aus.
Am häufigsten finden wir
im Bonsai-Fachhandel den
Ficus retusa, der jetzt F. mi-
crocarpa heißt. Um den dik-
ken Stamm haben sich häu-
fig eng anliegende Luftwurzeln gebildet, die den Stamm
knorrig erscheinen lassen.
Die Blätter sind etwas flei-
schiger als bei den anderen
Arten. Sie sind elliptisch bis
eiförmig und laufen am Ende
zu einer kurzen Spitze aus.
Die Blätter von Ficus neriifo-
lia erinnern an die der Trau-
erweide. Die Rinde weist ein
interessantes Streifenmuster
auf. Werden sie aus Steck-
lingen gezogen, bilden die
Pflanzen häufig einen schönen, flächigen Wurzelhals
aus.

FÄCHERBLATTBAUM

Der Fächerblattbaum gilt mit Recht als lebendes Fossil. Er ist der einzige überlebende Vertreter einer im Erdmittelalter weitverbreiteten und artenreichen Pflanzenfamilie. Viele botanische Merkmale legen eine Verwandtschaft mit den Nadelbäumen nahe.
Die Blätter sind fächerförmig, ledrig und fünf bis

Der Gingko zeigt die für diese Art typische Form
a) Die Ausbildung von Chi-Chi zeugt von Alter.
b) Zu dieser Form passen rechteckige, runde, ovale Schalen.

a

b

acht Zentimeter breit. Typisch sind die parallelen und gegabelten Blattnerven. Im Sommer sind die Blätter dunkelgrün und werden nach der goldgelben Herbstfärbung abgeworfen. An Langtrieben sind die Blätter wechselständig und an Kurztrieben in Büscheln angeordnet. Die Rinde ist grau und wird bei älteren Bäumen zunehmend tief gefurcht.
Alte Gingko-Bäume bilden an den Unterseiten von Ästen zunächst bulbenartige Ausstülpungen aus, Chi-Chi genannt. Diese verlängern sich immer mehr in Richtung Erdboden. Sobald sie

den Boden berühren, bilden sie Wurzeln aus und stützen so den Baum in Form von Nebenstämmen.
Der Gingko ist zweihäusig – das heißt, es gibt männliche und weibliche Bäume. An weiblichen Bäumen bilden sich an mehrjährigen Kurztrieben Früchte aus, die an kleine Eierpflaumen erinnern. Den Pollen für die Bestäubung liefern kätzchenförmige Blüten an mehrjährigen Kurztrieben männlicher Bäume.
Die eigentliche Befruchtung der Eizellen erfolgt erstaunlicherweise erst, nachdem die steinobstartige „Frucht" bereits abgefallen ist.

Standort: Im Sommer in der prallen Sonne, im Winter benötigt der Wurzelballen einen guten Schutz gegen Durchfrieren ab –5 °C.
Gießen: Vom Frühjahr bis zum Herbst die Erde gut feucht halten, Staunässe vermeiden. Nach dem Laubfall mäßig feucht halten.
Düngen: Nach dem Austrieb bis zum Beginn der Herbstfärbung alle drei Wochen mit einem Flüssigdünger.
Umtopfen: Alle drei bis fünf Jahre mit einem mäßigen Wurzelschnitt im zeitigen Frühjahr.
Formerhaltung: Vor allem aus den Spitzenknospen vorjähriger Langtriebe wachsen wiederum Langtriebe heran. Diese läßt man auf sechs bis sie-

ben Blätter wachsen und schneidet dann auf ein bis drei Blätter zurück. Kurztriebe werden nur beschnitten, wenn sie die Form stören. Muß ein dicker Ast entfernt werden, läßt man zunächst ein etwa ein Zentimeter langes Zweigstück stehen. Nachdem das Zweigstück eingetrocknet ist, wird es bis zum Ansatz mit der Konkavzange herausgeschnitten und die Wunde gut mit der Wundknetmasse verschlossen.
Drahten: Bei ausladenden Wuchsformen können Triebe gedrahtet werden, sobald sie auszuhärten beginnen. Wegen der weichen Rinde, die sehr leicht abgedrückt wird, muß extrem vorsichtig gedrahtet werden.

JUNIPERUS CHINENSIS

CHINESISCHER WACHOLDER

Unter günstigen Bedingungen wird er ein bis zu 20 Metern hoher Baum mit kegelförmiger Krone. Im Hochgebirge hingegen entwickelt er sich als Bergwacholder zu einem circa ein Meter hohen Strauch mit bis zu drei Metern ausladenden Ästen. Der Chinawacholder bildet zwei verschiedene Nadelformen aus. Die bis zu zwölf Millimeter langen Nadelblätter finden wir an jungen Bäumen und bei älteren Bäumen nach einem starken Rückschnitt im zeitigen

Standort: Hell, sonnig, luftig. Trotz seines Vorkommens im Hochgebirge müssen die Wurzeln im Winter ab –5 °C gegen Durchfrieren geschützt werden. Die oberirdischen Pflanzenteile sind lediglich gegen trockene, eisige Winde empfindlich und zu schützen.
Gießen: Im Sommer wie auch im Winter auf eine gleichmäßige Bodenfeuchtigkeit achten. Die Erde sollte niemals ganz antrocknen, aber auch Staunässe ist zu vermeiden.
Düngen: Sobald sich im Frühjahr die grasgrünen, frischen Triebe zeigen, beginnen wir mit einem zweiwöchigen Düngerhythmus. Ende August/Anfang September en-

den die Düngergaben, so daß im Winter nicht gedüngt wird.
Umtopfen: Alle zwei bis drei Jahre mit einem Wurzelschnitt im zeitigen Frühjahr in eine gut wasserdurchlässige, leicht kalkhaltige Akadama-Erde.
Formerhaltung: Die wolkenförmigen Laubpolster erreicht man zunächst durch Zurücksetzen auf kürzere Nebentriebe. Während der Wachstumszeit zupft man dann überlange Triebe mit den Fingerkuppen zurück.
Drahten: Das Frühjahr ist die richtige Drahtungszeit. Der Draht muß nach etwa einem Jahr wieder entfernt werden.

Chinesischer Wacholder in frei aufrechter Form
a) Das Laubpolster jedes Astes ist in viele kleine Nebenpolster strukturiert.

b) Die ovale Schale unterstreicht die Baumform.

Frühjahr. Die eng dem Zweig anliegenden Schuppenblätter sind etwa 1,5 Millimeter lang und bilden sich an gereiften Trieben aus.
Die dunkelbraune Rinde zeigt sich erst, wenn die Schuppenblätter abfallen. Am Stamm und an den Ästen zieht sich die ältere Borke in Streifen ab. Der unter der äußeren Borke liegende Rindenteil ist hellbraun und bildet einen schönen Kontrast zu den grünen Laubpolstern. Deshalb werden in Japan die äußeren Rindenbereiche entfernt. Das wird durch sehr vorsichtiges Abbürsten mit einer weichen Metallbürste erreicht.

Standort: Im Sommer sorgen wir für einen hellen, sonnigen Standort. Im Winter werden der Wurzelballen gegen Durchfrieren und die oberirdischen Baumteile gegen eisige, trockene Winde geschützt.

Gießen: Das ganze Jahr über gleichmäßig feucht halten, Staunässe vermeiden.

Düngen: Vom Beginn des Austriebs bis Ende August alle zwei Wochen mit einem Flüssigdünger.

Umtopfen: Alle zwei bis drei Jahre im zeitigen Frühjahr mit einem Wurzelschnitt in Akadama-Erde.

Formerhaltung: Im Frühjahr dickere, die Gestaltung störende Äste entfernen. Sobald die jungen, hellgrünen Triebe im Frühjahr etwa zwei Zentimeter lang sind, zupft man die Triebspitzen mit den Fingerkuppen aus, ebenso die folgenden Triebe. Gleichzeitig werden zu lang gewachsene Nadeln abgezupft. Von Zeit zu Zeit müssen zu dicht gewachsene Bereiche mit der Schere ausgedünnt werden. Zu hoch gewachsene Zweigpolster werden ebenfalls wieder flacher geschnitten. Alle senkrecht nach unten wachsenden Triebe werden herausgeschnitten.

Drahten: Sobald im Frühjahr die Äste elastischer werden. Nach etwa einem Jahr wird der Draht entfernt.

Rinne und mit schmalem weißem Mittelband.

Da der Igelwacholder zweihäusig ist, braucht man, um Früchte zu erhalten, zwingend einen weiblichen und einen männlichen Baum. Die Blüten erscheinen im Frühjahr in den Blattachseln. Die männlichen Blüten sind kleine gelbe Kätzchen, die weiblichen Blüten sind unscheinbar und grün. Sie reifen im zweiten Jahr nach der Befruchtung zu einer schwarzblauen Frucht. Alte Igelwacholder-Bonsai erhalten häufig ihr imposantes Aussehen durch tote, entrindete und gebleichte Stamm- und Astpartien.

IGELWACHOLDER

Unserem Gemeinen Wacholder (*Juniperus communis*) ist der Igelwacholder recht ähnlich. Während aber die Äste des Gemeinen Wacholders senkrecht nach oben wachsen, hängen die des Igelwacholders bogig über. Als Strauch oder kleiner Baum erreicht der Igelwacholder selten die Höhe von drei Metern. Stamm und Äste haben eine braunrote bis gelbbraune Rinde, die sich streifig abzieht. Die Nadeln sind pfriemförmig, steif, scharfspitzig und stechend. Sie sind 13 bis 25 Millimeter lang und bis 1 Millimeter breit, auf der Oberseite mit einer tiefen

Ein etwa 80 Jahre alter Igelwacholder

b) Dichte Zweigpolster durch rechtzeitiges Zupfen.

a) Schmale Rindenstreifen versorgen den Baum.

c) Schale mit abgerundeten Ecken.

LÄRCHEN

Die Lärchen haben einen geraden Stamm, um den die Äste schraubig angeordnet sind. Die Nadelblätter sind weich. Die Langtriebe, an denen die Blätter voneinander entfernt angeordnet sind, dienen dem Längenwachstum. Die zu Büscheln angeordneten Blätter der Kurztriebe erhöhen die Blattmasse.

Die Europäische Lärche (*L. decidua*) wird bis zu 35 Meter hoch. Die Borke ist in der Jugend grau, wird im Alter braun und blättert in kleinen Platten ab. Die Krone ist schlank und kegelför-

mig. Die Äste wachsen fast waagerecht oder nach unten gebogen, wobei die Spitze stets nach oben gerichtet ist. Die jungen Langtriebe tragen eine gelbliche Rinde, während die Kurztriebe schwarzbraun sind. Die Nadeln sind ein bis drei Zentimeter lang, hellgrün und haben eine goldgelbe Herbstfärbung. Die Büschel der Kurztriebe bestehen aus 30 bis 40 Nadeln.

Seit die Japanische Lärche (*L. kaempferi*) bei uns forstlich angebaut wird, ist sie in Europa sehr häufig anzutreffen. Sie wird ein 30 Meter hoher Baum mit immer waagerecht stehenden Ästen. Die rotbraune Rinde blättert in schmalen Streifen

ab. Die jugendlichen Langtriebe sind rötlichbraun, die Kurztriebe rötlich gefärbt. Je Kurztrieb wachsen 40 bis 50 Nadeln. Die Blätter sind 2 bis 3,5 Zentimeter lang, blaugrün und haben eine goldgelbe Herbstfärbung. Die Bastard-Lärche (*L. x eurolepis*) ist eine natürlich entstandene Kreuzung aus der Europäischen und der Japanischen Lärche. An ihr finden wir Merkmale beider Arten. Von der Europäischen Lärche kommen die gelben Langtriebe, die aufgerichteten Astspitzen und die kurzen Nadeln. Die bläulichgrünen Nadeln und die allgemeine Wuchsform erbte sie von der Japanischen Lärche.

Doppelstamm-Lärche in streng aufrechter Form

a) Gebleichte Äste geben der Gestaltung ein natürliches Aussehen.
b) Die Schale ist oval, unglasiert und sehr flach.

Standort: Vollsonniger Standort im Sommer. Im Winter den Wurzelballen gegen Durchfrieren schützen.

Gießen: Vom Laubfall bis zum Austrieb nur mäßig feucht halten. Während der Wachstumszeit gleichmäßig feucht halten, aber Staunässe vermelden.

Düngen: Nach dem Austrieb bis Ende August alle drei bis vier Wochen mit einem Flüssigdünger.

Umtopfen: Alle zwei bis drei Jahre im zeitigen Frühjahr mit einem Wurzelschnitt in Akadama-Erde.

Formerhaltung: Je nach Lärchen-Art sollten die Äste dem jeweiligen natürlichen Wuchs-

bild entsprechend gestaltet sein. In den meisten Fällen wird man eine Lärche in der streng aufrechten Form gestalten.

Aus den Spitzenknospen der Äste und Zweige wachsen normalerweise Langtriebe heran. Sobald sich bei diesen Trieben die natürliche Triebrindenfärbung einstellt, schneidet man auf ein bis zwei Knospen zurück. Nach dem Schnitt wachsen häufig Kurztriebe zu Langtrieben heran, die dann wie normale Langtriebe behandelt werden.

Drahten: Kurz vor dem Austrieb ist die beste Zeit. Nach einem Jahr den Draht wieder entfernen.

ZIERÄPFEL

Apfel-Bonsai haben zwei interessante Jahreszeiten. Zum einen ist es das Frühjahr mit seinen Blüten, die je nach Art weiß, rosa bis karminrot sind und in Büscheln beieinanderstehen. Zum andern ist es der Spätherbst, wenn nach dem Laubfall die farbigen Früchte an den kahlen Ästen hängen.

Als Arten eignen sich verschiedene Zieräpfel, die stets kleinfrüchtig sind. Der Vielblütige Apfelbaum (*Malus floribunda*) hat überaus zahlreiche Blüten von 2,5 bis drei Zentimeter Breite. Die Knospen sind tiefkarminrot, blühen Anfang Mai rosa auf und verblassen langsam zu Weiß.

Bei Halls-Apfel (*Malus halliana*) sind die Blütenblätter vor dem Öffnen dunkelrot und blühen dann im Mai dunkelrosa auf.

Der Toringo-Apfel (*Malus sieboldii*) hat viele zwei Zentimeter breite Blüten im Mai, die zunächst hellrosa sind, dann weiß werden.

TIP: Will man auf jeden Fall einige Früchte haben, muß man sich als ,Biene' betätigen. Dazu nimmt man eine Blüte und betupft mit den Staubblättern die Narben anderer Blüten.

Standort: Im Sommer wählen wir einen hellen bis vollsonnigen, im Winter einen frostgeschützten Standort aus.

Gießen: Auf Trockenheit und Staunässe reagieren die Apfelbäume mit Blüten- und Fruchtabwurf. Entsprechend sollten die Bonsai immer gut feucht gehalten, aber vor Staunässe geschützt werden.

Düngen: Nach der Blüte bis Anfang August wird alle drei bis vier Wochen gedüngt. Eine kali- und phosphorbetonte Düngung im September sichert eine gute Frostaushärtung und einen reichen Blütenansatz im nächsten Jahr.

Umtopfen: Alle zwei bis drei Jahre nach der Blüte oder im Spätherbst mit einem mäßigen Wurzelschnitt in eine Mischung aus Akadama und Humus im Verhältnis 2:1.

Formerhaltung: Nach der Blüte werden alle Triebe auf zwei bis drei Blattansätze zurückgeschnitten. Bis Mitte Juni läßt man die folgenden Triebe wachsen, zupft dann die Triebspitze ab.

Drahten: Beginnen die Triebe auszuhärten, werden sie waagerecht gedrahtet und auf die gewünschte Länge zurückgeschnitten. Der Draht wird nach einem halben Jahr entfernt.

Apfel-Bonsai in frei aufrechter Form

a) Blütenblätter geöffneter Blüten werden weiß.

b) Vor dem Aufblühen sind die Knospen rosa.

c) Das dunkle Grün der Schalenglasur harmoniert mit dem Grün der Blätter.

SACCHALIN-FICHTE

Seit Anfang dieses Jahrhunderts wird in Japan die auch auf der Insel Hokkaido vorkommende Sacchalin-Fichte (*Picea glehnii*) in der Bonsai-Kunst sehr erfolgreich verwendet. Im Gegensatz zu vielen anderen Fichtenarten kommt die Sacchalin-Fichte auch mit weniger guten Böden zurecht.

In der freien Natur wird die Sacchalin-Fichte ein bis zu 40 Meter hoher Baum mit schmal kegelförmiger Krone. Die dunkelbraune Rinde wird bei älteren Bäumen rissig. Die Zweige sind dicht und kurz und tragen die sechs bis zwölf Millimeter langen Nadeln dicht gedrängt. Beide Merkmale machen sie für den

Standort: In der Wachstumszeit halbschattig bis vollsonnig. Im Winter den Wurzelballen gegen Durchfrieren und die Nadeln gegen trockene, eisige Winde schützen.
Gießen: Die Erde sollte das ganze Jahr über gleichmäßig feucht gehalten werden. Staunässe ist zu vermeiden.
Düngen: Nach dem Austrieb bis Ende August alle vier Wochen mit Flüssigdünger.
Umtopfen: Alle zwei bis drei Jahre im zeitigen Frühjahr. Als Pflanzerde sollte der Akadama ein Viertel feiner Kies zugesetzt werden.
Formerhaltung: Die typische Astanordnung der Fichten ist in Quirlen, wobei in jeder Astetage mehrere Äste in glei-

cher Höhe entspringen. Bei der geringen Größe eines Bonsai wirkt diese Anordnung eher künstlich und muß entsprechend korrigiert werden. Wo immer möglich, werden bis auf einen Ast alle anderen eines Quirls entfernt. Während des Austriebs werden die sich streckenden Triebe, noch bevor sich die Nadeln abspreizen, zurückgezupft. Die Triebe aus den großen Spitzenknospen zupft man um zwei Drittel, die der mittelgroßen Knospen um ein Drittel und die der kleinen gar nicht zurück.
Drahten: Gedrahtet wird im zeitigen Frühjahr vor dem Austrieb. Dabei keine Nadeln eindrahten.

Frei aufrechte Sacchalin-Fichte

b

a

a) Durch die engstehende Verzweigung werden die Krone und die Astetagen sehr dicht.

b) Im Austrieb sind die Nadeln hellgrün.

c) Für Nadelbäume eignen sich fast immer nur glasierte Schalen

c

Bonsai-Freund sehr interessant. Die Nadeln sind auf der Oberseite mattgrün und auf der Unterseite leuchtendgrün. Die Nadeln junger Bäume sind stechend spitz, während die älterer Bäume eine stumpfe Spitze haben. Die Knospen sind eikegelig und fühlen sich vom Harz klebrig an. Von unserer heimischen Fichte (*Picea abies*) sind eine ganze Reihe zwergwüchsiger Zuchtformen für die Bonsai-Gestaltung von Interesse. Zu empfehlen sind die Sorten 'Clanbrassiliana' mit einem Jahreszuwachs von zwei bis drei Zentimetern, 'Compressa' mit fünf bis zehn Millimeter langen Nadeln, 'Conica' mit hellgrünen, drei bis sechs Millimeter langen Nadeln und 'Little Gem' mit sehr dicht stehenden Nadeln.

Standort: Vollsonniger Standort. Im Winter den Wurzelballen gegen Durchfrieren und die oberirdischen Baumteile gegen eisige, trockene Winde schützen.

Gießen: Im Frühjahr bis zum Ende des Austriebs nur mäßig gießen. Im Sommer den Wurzelballen gleichmäßig feucht halten, Staunässe vermeiden.

Düngen: Im Frühjahr beginnen, wenn sich die Nadeln etwa zur Hälfte aus den Blattscheiden herausgeschoben haben. Bis Mitte August wird alle vier Wochen mit einem Flüssigdünger gedüngt.

Umtopfen: Alle zwei bis drei Jahre im zeitigen Frühjahr mit einem Wurzelschnitt. Die Akadama wird zu gleichen Teilen mit feinem Kies gemischt.

Formerhaltung: Aus den Knospen wachsen im Frühjahr zunächst kerzenartige Triebe heran, aus denen sich die Nadeln erst herausschieben, wenn die Triebe fast die endgültige Länge erreicht haben. Äußere Triebe werden um zwei Drittel, mittlere um ein Drittel und innere Triebe gar nicht eingekürzt. Dazu dreht man mit den Fingerkuppen den entsprechenden Teil der Kerzenspitze ab. Stehen mehrere Kerzen eng beieinander, werden bis auf eine oder zwei alle anderen entfernt.

Drahten: Im Frühjahr Triebe in die Astetage integrieren.

Pinus parviflora var. pentaphylla hat grasgrüne, weiche Nadeln und ist empfindlich gegen Spätfröste.

Pinus parviflora var. himekomatsu ist robuster und hat härtere, blaugrüne Nadeln. Mädchen-Kiefern mit tiefrissiger Borke sind immer Veredelungen. Diese Bäume sehen interessanter aus und sind vor allem bei der Pflege nicht so empfindlich wie Sämlinge.

TIP: Bitten Sie beim Kauf den Händler, die Mädchen-Kiefer kurz aus der Schale zu heben. Nur wenn sich am Wurzelballen ein nach Pilz duftendes weißliches Geflecht befindet, ist der Baum gesund.

MÄDCHEN-KIEFER

In der freien Natur wird sie ein fünf bis zwölf Meter hoher Baum, der in der Jugend pyramidal wächst und im Alter eine sich flach ausbreitende Krone besitzt. Die Rinde ist graubraun und glatt und beginnt erst im Alter, sich in dünnen Schuppen abzulösen. Daher ist die Borke nur gering rissig. Die Nadeln bleiben in der Natur bis zum Alter von drei bis vier Jahren am Baum. An den Triebenden sind die Nadeln pinselartig gedrängt, stark gekrümmt und in sich verdreht. Die Botaniker haben zwei Varietäten beschrieben:

Mädchen-Kiefer in frei aufrechter Form

a) Dichte, flache Astetagen durch richtiges Drahten.

b) Die ovale, flache unglasierte Schale stammt aus der berühmten Töpferstadt Tokoname in Japan.

a

b

JAPANISCHE SCHWARZKIEFER

Mit ihrer Höhe von 30 bis 40 Metern, dem geraden Stamm und der breiten, schirmförmigen Krone sieht die Wuchsform der Japanischen Schwarzkiefer der unserer Föhre sehr ähnlich. Die Äste sind dick, abstehend und oft etwas hängend, wobei die Spitze nach oben gerichtet ist. Die Borke ist schwarzgrau und unregelmäßig gefeldert. Junge

Japanische Schwarzkiefer als Miniatur-Bonsai von 15 Zentimeter Höhe

Triebe sind zunächst orangegelb, werden aber im zweiten Jahr grauschwarz. Die Nadeln kommen zu zweit aus einer Blattscheide, stehen eng beieinander, sind dabei abstehend, etwas gedreht und dunkelgrün. Die Nadeln sind mit sechs bis zwölf Zentimeter Länge und mit 1,5 bis 2 Millimeter Breite eigentlich für Bonsai zu groß. Dennoch kann man aus der Japanischen Schwarzkiefer sehr imposante Bonsai gestalten und die Nadeln auch in ihrer Länge beeinflussen.

Auch die Japanische Schwarzkiefer lebt an ihren Wurzeln mit einem Symbiosepilz zusammen. Während die Kiefer den Pilz mit Photosyntheseprodukten versorgt, erhöht der Pilz mit seinen weit ins Erdreich reichenden Fäden, dem Mycel, die Wurzeloberfläche des Baumes. Das Mycel schafft für den Baum zusätzliches Wasser und Nährsalze aus dem umgebenden Erdreich heran. Ohne den Symbiosepilz kümmert die Kiefer vor sich hin und stirbt möglicherweise frühzeitig ab.

Beim Umtopfen von allen Kiefernarten sollte man daher die neue Erde immer mit einigen Handvoll pilzmycelhaltiger alter Erde vermischen.

a

a) Sechseckige handgefertigte Kaskadenschale mit japanischen Schriftzeichen.

Standort: Hell und vollsonnig im Sommer. Im Winter den Wurzelballen gegen Durchfrieren und die Nadeln gegen trockene, eisige Winde schützen.
Gießen: Im Winter und Frühjahr mäßig feucht, im Sommer gleichmäßig feucht halten.
Düngen: Nach dem Neuaustrieb bis Ende August alle vier Wochen mit einem Flüssigdünger.
Umtopfen: Alle drei bis fünf Jahre im zeitigen Frühjahr mit einem Wurzelschnitt in Akadama und feinen Kies zu gleichen Teilen.
Formerhaltung: Bis Ende Mai läßt man die neuen Triebe wachsen. Alle Triebe mit mehr als drei Zentimeter Länge werden kurz abgeschnitten. Rund um die Schnittstelle bilden sich mehrere kleine Knospen, die, je nach Gegend, im selben oder im nächsten Jahr mit kürzeren Nadeln austreiben.
Drahten: Im zeitigen Frühjahr. Draht nach einem Jahr entfernen.

GEMEINE KIEFER

Die Föhre oder Gemeine Kiefer kommt im gesamten nördlichen Teil Eurasiens in verschiedenen Rassen vor. Von großem forstlichem Interesse ist diese Kiefer unserer Wälder. Neben der Art sind auch einige zwergwüchsige Zuchtformen für den Bonsai-Freund gut zu gestalten.

Die 20 bis 40 Meter hohe Föhre hat je nach Standort eine längliche oder schirmförmige Krone. Der meist gerade, schlanke Stamm kann an extremen Standorten auch knorrig und gedreht sein. Junge Bäume haben eine fuchsrote und abblätternde Borke, die bei alten Bäumen gefeldert rissig und rostrot wird. Im Austrieb sind junge Triebe grünlich, im zweiten Jahr werden sie graubraun. Zu zweit kommen die Nadeln aus einer Blattscheide, sind vier bis sieben Zentimeter lang und etwa zwei Millimeter breit. Sie sind spitz, blau- oder graugrün, steif und häufig auch leicht gedreht.

Standort: In der Wachstumszeit heller, sonniger Standort. Im Winter Wurzelballen gegen Durchfrieren, Nadeln gegen eisige, trockene Winde schützen.

Gießen: Während des Sommers die Erde gleichmäßig feucht halten, aber Staunässe vermeiden. Im Winter und im Frühjahr mäßig feucht halten, aber die Erde niemals trocken werden lassen.

Düngen: Alle vier Wochen mit einem Flüssigdünger vom Ende des Austriebs im Frühjahr bis Ende August.

Umtopfen: Alle zwei bis drei Jahre im zeitigen Frühjahr mit einem Wurzelschnitt. Die Erde besteht zu gleichen Teilen aus Akadama und feinem Kies.

Formerhaltung: Um die Nadeln kurz zu halten, Ende Juni alle lang ausgewachsenen Triebe bis auf ein ca. 1 cm langes Reststück zurückschneiden. An dem Reststück bilden sich bald kleine Knospen, die meist erst im darauffolgenden Jahr mit kürzeren Nadeln austreiben. Zusätzlich werden Ende August bis Anfang September ältere Nadeln bis fast zur Blattscheide abgeschnitten. Der stärkere Lichteinfall regt schlafende Augen zum Austrieb an, was die Astpolster dichter werden läßt.

Drahten: Gedrahtet werden kann im zeitigen Frühjahr. Junge Triebe können, sobald sie auszuhärten beginnen, gedrahtet werden.

Eine Föhre in frei aufrechter Form

b) Die Äste entspringen auf den Außenseiten der Stammbiegungen.

a) Die Krone ist schirmförmig aufgebaut

c) Die Schale ist handgearbeitet.

JAPANISCHE APRIKOSE

Unter der Gattungsbezeichnung Prunus fassen die Botaniker 430 so unterschiedliche Arten wie Pflaumen, Kirschen, Pfirsiche und Mandeln zusammen. Alle diese Arten und ihre Zuchtformen werden als Bonsai ähnlich gepflegt wie hier für eine Art beschrieben.
Die Japanische Aprikose hat eine rötlichbraune, glänzende Rinde. Junge Zweige sind grün. Die Blätter werden vier bis zehn Zentimeter lang, sind eiförmig, scharf

Standort: In der Wachstumszeit vollsonnig aufstellen. Ab –5 °C den Wurzelballen gegen Durchfrieren schützen.
Gießen: Während der Blütezeit den Wurzelballen gut feucht halten, ansonsten gleichmäßig feucht ohne Staunässe.
Düngen: Erst nach der Blütezeit. Danach bis Ende August alle zwei Wochen mit einem Flüssigdünger. Im September eine kali-phosphor-betonte Düngung für bessere Blütenbildung.
Umtopfen: Alle zwei bis drei Jahre nach der Blüte mit einem mäßigen Wurzelschnitt in Akadama-Erde.

Formerhaltung: Nach der Blüte wieder in Form scheiden. An jedem Trieb schneidet man auf ein bis zwei Triebknospen zurück.
Neue Triebe läßt man zunächst wachsen. Sobald sie einen Wachstumsstillstand zeigen, werden vom Triebansatz gesehen die ersten drei Blätter abgezupft. Sobald sich die Blütenknospen bilden, schneidet man den Trieb auf drei Blätter zurück. Senkrecht wachsende Triebe sofort entfernen.
Drahten: Der Draht wird mit Kreppklebeband umwickelt. Gedrahtet werden Triebe, die auszuhärten beginnen.

Japanische Aprikose in frei aufrechter Form

a) Nach der Blüte werden die Triebe stark zurückgeschnitten.

b) Der knotige Stamm zeugt von hohem Alter.

c) Passend gewählte, unglasierte Schale.

Rosa Blüten von *Prunus mume*

gesägt und frischgrün. Längs der Blattnerven sind sie fein behaart. Vor den Blättern erscheinen im April die Blüten. Die weißen bis dunkelrosa Blüten sitzen zu zweit beisammen und duften vor allem abends stark. Die reifen Früchte sind bis drei Zentimeter dick, gelb bis bräunlichrot und nicht eßbar.

FEUERDORN

Feuerdorne sind immergrüne, dornige Sträucher mit wechselständigen Blättern und mehreren weißen Blüten in einem Blütenstand. *Pyracantha angustifolia* ist ein bis zu vier Meter hoher Strauch mit sparrigem Wuchs. Die jungen Triebe sind braungelb und filzig. Die 1,5 bis fünf Zentimeter langen Blätter sind schmal länglich, ganzrandig oder an der Spitze mit winzigen Zähnchen. Sie sind oberseits glänzend grün, unterseits graufilzig behaart. Die Blüten erscheinen in

Standort: Vom Frühjahr bis zum Herbst vollsonnig. Wegen der geringen Winterhärte muß für eine frostfreie, helle Überwinterung bei bis +8 °C gesorgt werden.
Gießen: Das ganze Jahr über gleichmäßig feucht halten, aber Staunässe vermeiden.
Düngen: Nach der Blüte bis Ende August alle zwei Wochen mit einem Flüssigdünger. Mitte September eine kali-phosphor-betonte Düngung für bessere Blütenbildung.
Umtopfen: Alle zwei bis drei Jahre nach der Blüte in Akadama-Erde mit mäßigem Wurzelschnitt.

Formerhaltung: Nach der Blüte in Form schneiden. Längere Triebe werden zurückgeschnitten, wobei einige Kurztriebe erhalten bleiben sollten. In den Achseln der Blätter an Kurztrieben erscheinen die Blüten und die Früchte. Man sollte von den kraftzehrenden Fruchtansätzen nicht zu viele am Baum belassen.
Drahten: Wegen des von Natur aus sparrigen Wuchses des Feuerdorns kommt man meist ohne Drahten nicht aus. Gedrahtet wird nach der Blüte. Der Draht muß manchmal schon nach einem halben Jahr wieder entfernt werden.

Etwa 60 Jahre alter Feuerdorn in frei aufrechter Form

b) Um Baumcharakter erzielen zu können, wurden die Äste waagerecht gedrahtet.

den Monaten Mai bis Juni. Sie sind weiß, in zwei bis vier Zentimeter breiten, dichten Blütenständen angeordnet. Die Früchte sind orangerot, erbsengroß und bleiben bis zum Frühjahr an der Pflanze.
Da *Pyracantha angustifolia* in unseren Breiten nicht winterhart ist, stellt *Pyracantha coccinea* wegen seiner Winterhärte eine Alternative dar.

a) Dichte weiße Blütenbüschel

c) Die hellblaue Schalenglasur paßt komplementär zum Orangerot der Früchte.

SATSUKI-AZALEE

Die Azaleen gehören botanisch zur Gattung Rhododendron. Unter ihnen sind einige laubabwerfende, andere immergrüne Sträucher. Trotz der natürlichen Wuchsform als Strauch lassen sich die Azaleen durch geeignete Kulturmaßnahmen in eine Baumform bringen.

Alle Azaleenarten haben eine rotbraune bis graubraune, glatte Borke. Die im Alter immer stärker knotig hervortretenden Saftbahnen geben dem Stamm aber dennoch eine abwechslungsreiche Strukturierung. Die Satsuki-Azalee (Rhodo-

Standort: Im Sommer vollsonnig bis halbschattig. Im Winter ist ein frostfreier Standort bis maximal +8 °C anzuraten.
Gießen: Die Erde sollte vor allem in der Blütezeit niemals ganz trocken werden. Grundsätzlich sollte man die Erde vor jedem Gießen aber leicht antrocknen lassen.
Düngen: Nach der Blüte bis Ende August alle drei bis fünf Wochen mit Azaleendünger.
Umtopfen: Alle zwei bis drei Jahre nach der Blüte mit einem Wurzelschnitt in spezielle Bonsai-Azaleen-Erde.
Formerhaltung: Nach der Blüte werden zunächst alle verwelkten Blütenstände und vor allem alle entstandenen

Fruchtansätze mit den Fingern abgezupft. Beim gleichzeitigen Formschnitt werden alle überlangen Triebe wieder in Form geschnitten, die Astetagen ausgedünnt und die Nebentriebe auf den Astetagen stark eingekürzt. Selbst wenn nach dem Schnitt an einem Trieb keine Blätter mehr sind, treibt er aus schlafenden Augen neu aus.
Von den mehreren Trieben, die am Grund eines ehemaligen Blütenansatzes wachsen, läßt man nur zwei übrig.
Drahten: Die jungen Triebe werden gedrahtet, wenn sie gerade beginnen auszuhärten. Ältere Triebe brechen beim Biegen sehr schnell.

Satsuki-Azalee in frei aufrechter Form

a) Verschwenderische Blütenpracht durch richtige Pflege

b) Die Entwicklung eines solchen Stammes braucht viele Jahre.

c) Das Grau der unglasierten, rechteckigen Schale spiegelt die Farbe des Stammes wider.

dendron indicum) hat 2,5 bis 3 Zentimeter lange Blätter. Sie sind oval, laufen in einer Spitze aus und sind beiderseits borstig behaart. Die breit trichterförmigen Blüten stehen allein oder zu zweit von Mai bis Juni an den Spitzen vorjähriger Triebe. Die Blütenfarben reichen von Scharlachrot über Hochrot bis hin zu Rosa, sie können zweifarbig sein. Häufig für Bonsai verwendet wird die Bergazalee (Rhododendron kaempferi). In kälteren Regionen wirft sie im Herbst ihr Laub ab, während sie in wärmeren Gegenden immergrün ist. Rhododendron simsii ist die Stammutter unserer Zimmerazaleen.

CHINESISCHE ULME

In ihrer Heimat China, Korea und Japan wird die Chinesische Ulme ein bis 15 Meter hoher Baum mit breiter, kugeliger Krone. Sie ist sehr widerstandsfähig gegen die 'Ulmen-Krankheit'. Die Borke bleibt auch bei alten Bäumen glatt, da sie die äußeren Rindenteile regelmäßig in großen, runden Platten abwirft. Die zwei bis drei Zentimeter langen Blät-

Standort: In der Wachstumszeit ist ein vollsonniger Standort im Freien zu empfehlen. Die Überwinterung sollte frostfrei bei etwa +8 °C erfolgen. Die Chinesische Ulme kann aber auch das ganze Jahr über an einem sehr hellen Fensterplatz stehen.
Gießen: Nachdem die Erde leicht angetrocknet ist, wird ausgiebig gewässert. Im Winter mäßig feucht halten.
Düngen: Vom Frühjahr bis zum Herbst alle vier Wochen mit einem Flüssigdünger.
Umtopfen: Alle zwei bei drei Jahre vor dem Austrieb mit einem Wurzelschnitt in Akadama-Erde.

Formerhaltung: Im zeitigen Frühjahr wird die Form überarbeitet.
Junge Triebe läßt man auf sechs bis acht Blätter heranwachsen und schneidet dann auf zwei bis drei Blätter zurück. Da im Laufe einer Wachstumszeit mehrere Triebgenerationen wachsen, kann man innerhalb eines Jahres die Verzweigung deutlich verbessern.
Wird eine Ulme in Besenform gestaltet, werden die Äste im Winter wie bei einem Reisigbesen zusammengebunden.
Drahten: Bei frei oder streng aufrechten Ulmen wird im Vorfrühling gedrahtet.

Chinesische Ulme in frei aufrechter Form

ter sind elliptisch bis eiförmig, ziemlich derb ledrig und glänzend grün. Im Herbst bleiben die Blätter sehr lange grün.
Aus Japan kommen die Zuchtformen 'Frosty' und 'Chessins' mit weißbunten, nur ein Zentimeter langen Blättern.
Die natürlich vorkommende Mutation Chinesi-

a) Rechteckige, grüne Schale in klassischer chinesischer Form.

a

sche Korkulme (*Ulmus parvifolia var. suberosa*) hat eine stark tiefrissige Borke. Selbst an sehr jungen Trieben setzt diese Borkenbildung früh ein. Ansonsten sind die Merkmale dieselben wie die der Art.
Für die Eigengestaltung empfehlenswert ist auch die Englische Ulme (*Ulmus procera*). Sie hat eine unregelmäßige, dicht geschlossene Krone. Die Borke ist rissig und bildet sich schon an den dicken jungen Trieben aus. Die Blätter sind fast kreisrund, auf der Oberseite mehr oder weniger rauh, 4,5 bis 9 Zentimeter lang und dunkelgrün. Die Zuchtform ,Myrtifolia' hat sehr kleine Blätter.

Standort: Halbschattiger bis vollsonniger Standort im Sommer. Im Winter muß der Wurzelballen gegen Durchfrieren geschützt werden.

Gießen: Den Boden immer gut feucht halten, Staunässe meiden.

Düngen: Nach dem Austrieb bis Ende August alle zwei Wochen mit einem Flüssigdünger.

Umtopfen: Alle zwei bis fünf Jahre vor dem Austrieb mit einem Wurzelschnitt in Akadama-Erde.

Formerhaltung: Im zeitigen Frühjahr werden überlange Triebe in die Form zurückgeschnitten. Dabei darauf achten, daß alle Zweige, deren Spitzenknospe recht groß ist, zurückgeschnitten werden. Junge Triebe läßt man bis auf sechs bis sieben Blätter wachsen und schneidet dann auf zwei bis drei Blätter zurück.

Drahten: Bei einer Besenform werden nach dem Laubfall die Äste und Zweige mit Bast wie zu einem Reisigbesen zusammengebunden. Im zeitigen Frühjahr wird der Bindebast entfernt.

Bei allen anderen Formen werden die Äste im Frühjahr vor dem Austrieb in die beabsichtigte Form gedrahtet. Der Draht wird nach etwa einem Jahr wieder entfernt.

CHINESISCHE ZELKOVE

Die Zelkoven sind mit den Ulmen eng verwandt und sehen diesen auch recht ähnlich. Sie sind aber alle nicht für die sogenannte 'Ulmen-Krankheit' anfällig. Leicht ist die Chinesische Zelkove an dem kurzen Stamm mit den zahlreichen aufstrebenden Ästen, die eine eiförmige Krone bilden, zu erkennen. Häufig tritt sie dabei auch mehrstämmig auf.

Die Borke ist wie bei einer Buche glatt und grau, schilfert aber in kleinen Schuppen ab. Bei älteren Bäumen tritt die sogenannte Spannrückigkeit auf. Hierbei bilden sich längs der Saftbahnen wulstig hervortretende Stammstrukturen. Junge Triebe sind recht dünn und behaart.

Die Blätter sind zwei bis fünf Zentimeter lang und auf beiden Seiten des Blatthauptnerves mit sieben bis elf Nebennerven ausgestattet. Jeder Nebennerv endet in einem fast dreieckigen Blattzahn. Die Blattoberseite ist dunkelgrün und etwas rauh. Auf der Blattunterseite sind die Blattnerven behaart. Der Blattstiel ist mit nur ein bis zwei Millimetern Länge extrem kurz. Im Herbst färben sich die Blätter orangerot.

Bei dieser Chinesischen Zelkove wachsen die Wurzeln über einen Stein

a) Zelkoven sind dicht verzweigt.

b) Flache, unglasierte, ovale Schale

Standort: Ein halbschattiger bis vollsonniger Standort sollte in der Wachstumszeit gewählt werden. Im Winter muß der Wurzelballen gegen Durchfrieren geschützt werden.

Gießen: Der Boden sollte immer gut feucht gehalten werden, wobei Staunässe vermieden werden sollte.

Düngen: Nach dem Austrieb bis Ende August alle zwei Wochen mit einem Flüssigdünger.

Umtopfen: Alle zwei bis fünf Jahre vor dem Austrieb mit einem Wurzelschnitt in Akadama-Erde.

Formerhaltung: Den Erstaustrieb läßt man bis auf sechs bis acht Blätter heranwachsen und schneidet dann auf zwei bis drei Blätter zurück. Man kann bei der Entwicklung der Triebe im ganz weichen Zustand die Spitzen mit den Fingern abzupfen.

Drahten: Nach dem Laubfall werden bei einer Besenform die Äste und Zweige mit Bast wie zu einem Reisigbesen zusammengebunden. Vor dem Austrieb muß der Bindebast entfernt werden.
Bei allen anderen Formen werden die Äste im Frühjahr vor dem Austrieb in die beabsichtigte Form gedrahtet. Der Draht wird nach etwa einem Jahr wieder entfernt, bevor er einwächst.

JAPANISCHE ZELKOVE

Auch die Japanische Zelkove hat in ihrer natürlichen Wuchsform einen oft kurzen Stamm mit breiter, halbkugelförmiger Krone, die aus vielen aufrecht wachsenden Hauptästen aufgebaut wird. Die dichte Verzweigung füllt die Krone

und läßt so die Besenform entstehen. Natürlich läßt sich die Japanische Zelkove auch in anderen aufrechten Grundstilen gestalten.

Die Borke ist grau und rotbuchenartig glatt. Der Stamm und die Äste erhalten durch die vielen querverlaufenden Atmungszonen (Lentizellen) eine lebhafte Zeichnung. Die jungen Zweige haben eine braunrote, glatte Rinde. Bei alten Japanischen Zelkoven wird die Borke rissig und blättert klein und querschuppig ab. Die Blätter sind zwei bis sechs Zentimeter lang, schmal eiförmig und laufen spitz zu. An jeder Seite des Hauptblattnervs entspringen acht bis 14 Nebennerven, die jeweils in einen spitzen Blattzahn auslaufen. Die Blattoberseite ist saftig grün und rauh, während die Blattunterseite ziemlich glatt ist. Der Blattstiel ist zwei bis fünf Millimeter lang und rötlich.

Diese Japanische Zelkove in Besenform ist ein echtes Meisterwerk

a) Zweige, die über die Silhouette hinauswachsen, werden zurückgeschnitten.
c) Die Glasur der rechteckigen Schale spiegelt die Laub- und Rindenfarbe wider.

b) Der kurze Stamm verzweigt sich schon bald in viele Äste.

So wird die lange Bonsai-Schere richtig eingesetzt.

Auch Finger sind ein wichtiges Werkzeug.

Pflege und Werkzeuge

Seinen Bonsai mit Sorgfalt begleiten

Bonsai-Freunde begleiten ihre Pflanzen pfleglich. Diese Begleitung kann mitunter ein ganzes Leben lang dauern, bei alten Bonsai sogar auf die nächste Generation übergreifen. Was dabei zu tun ist, welches Werkzeug wirklich nötig ist und wie damit umgegangen wird, erfahren Sie hier.

DER RICHTIGE STANDORT

Alle Freiland-Bonsai benötigen während der Wachstumszeit einen hellen, luftigen Standort. Ideal sind Stellflächen aus einzelnen Brettern, angeordnet mit Zwischenräumen, damit überschüssiges Gießwasser ungehindert abfließen kann. Als problematisch sind alle Stellflächen mit glatten Oberflächen anzusehen. Leicht können sich unter den Abflußlöchern in den Bonsai-Schalen Wasserblasen bilden, die dann zu Staunässe führen. Eine halbe Stunde nach dem Gießen wird kontrolliert und eventuell vorhandenes Wasser fortgewischt.

Eine kalte Nacht kann einem gesunden Freiland-Bonsai nicht schaden (oben).

Im Herbst werden die Nährstoffe aus den Blättern geholt und den Winter über im Stamm und in den Wurzeln gespeichert (rechts).

Haben die Holzregale etwa Brusthöhe, erleichtert das die tägliche Pflege (links).

Überwinterung von Freiland-Bonsai

Konnte ein Freiland-Bonsai den Sommer über Kraft sammeln und sich im Herbst gut auf den Winter vorbereiten, überstehen die oberirdischen Baumteile Temperaturen von −20 °C problemlos. Der in den meisten Fällen empfindliche Bereich ist der Wurzelballen. Auch im laublosen Zustand verdampfen die oberirdischen Baumteile weiterhin Wasser, das ein eingefrorener Wurzelballen nicht nachliefern kann. Daher sollte der Wurzelballen ab −5 °C gegen Durchfrieren geschützt werden. Dazu kann man eine mit Abflußlöchern versehene und mit Rinden- oder Nadelstreu gefüllte Kiste verwenden. In das stets leicht feuchte Substrat werden die Wurzelballen der Bonsai samt Schale eingesenkt. Zudem ist Schutz gegen kalte Winde erforderlich.

BONSAI ERNÄHREN

Wann und wieviel gewässert und gedüngt werden muß, hängt stark von der Baumart, der Temperatur, der Jahreszeit, dem Standort und nicht zuletzt von der Größe des Bonsai ab.

Wasser richtig dosieren

An heißen, windigen Sommertagen kann es notwendig sein, mehrmals am Tag ausgiebig zu gießen, während im Winter möglicherweise nur einmal in der Woche Wasser gegeben werden muß. Man kann aber sagen, daß die Erde niemals ganz trocken werden darf. Sobald die Erdoberfläche heller zu werden beginnt, spätestens wenn sich Risse in der Oberfläche bilden und sich gar die Erde vom Schalenrand ablöst, muß gewässert werden.

Gegossen wird mit einer möglichst feinbrausigen, langhalsigen Gießkanne.

Mit dem Gießen wird immer neben der Schale begonnen und geendet, da zu Anfang und am Ende des Gießvorgangs die Wassertropfen recht groß sind und Löcher in die Erdoberfläche schlagen. Es wird immer solange gegossen, bis überschüssiges Gießwasser durch die Löcher im Schalenboden abfließt.

Dünger, das tägliche Brot

Dünger kann nur in Form von Nährsalzen von den Pflanzen aufgenommen werden. Wird also ein mineralischer Dünger verwendet, stehen die Nährsalze den Pflanzen schneller zur Verfügung. Organische Dünger müssen hingegen von im Boden lebenden Mikroorganismen, Bakterien und Pilzen erst aufbereitet und in Nährsalze umgewandelt werden.

Die in Japan verwendeten Kugeldünger haben den Vorteil, daß sie schonungsvoller, mit zeitlicher Verzögerung auf die Pflanzen wirken.

TIP: Sowohl bei der Überdosierung von Düngern als auch beim Düngen auf trockenen Boden kann es zu Verbrennungen der Wurzeln kommen. Vor Düngergaben ist also stets die Düngermenge wie auch die Bodenfeuchtigkeit zu prüfen.

Bei längeren Regenperioden werden die Schalen schräg gestellt, um das überschüssige Wasser schneller abfließen zu lassen.

Lange Kiefernzweige werden auf kürzere Nebentriebe zurückgesetzt.

Beim Einkürzen frischer Igelwacholdertriebe sollen keine anderen Nadeln verletzt werden.

WELCHES BONSAI-WERKZEUG WOZU?

Natürlich braucht der Bonsai-Neuling nur die Werkzeuge, die für seine Pflegemaßnahmen notwendig sind.

Grundsätzlich sollte man auch am Anfang kein Billigwerkzeug kaufen. Auf Dauer ist es günstiger, gleich Qualitätswerkzeug zu kaufen, welches nicht schon nach wenigen Einsätzen zerbricht oder vor sich hin rostet.

Bonsai-Scheren richtig anwenden

Zur Grundausstattung gehören eine oder mehrere Bonsai-Scheren zum Beschneiden der feinen und mittleren Triebe. Auch wenn man keine eigenen Gestaltungen durchführen möchte, müssen die Bonsai

immer wieder in Form geschnitten werden. Die Schnittfläche der Bonsai-Scheren ist gerade.

Mit der **großen Bonsai-Schere** kann man Triebe bis etwa Bleistiftdicke bei den meisten Baumarten schneiden. Durch die großen Griffohren und die langen Schnitthebel kann die Druckkraft der Hand beim Schnitt optimal umgesetzt werden.

Die **lange Bonsai-Schere** ist für feinere Arbeiten gedacht. Mit ihr können feine Triebspitzen ebenso bearbeitet werden wie feine Zweige, die im Inneren einer dicht wachsenden Krone auszudünnen sind.

Dickere Zweige werden mit der großen Bonsai-Schere beschnitten.

Die lange Bonsai-Schere zum Schnitt feiner Triebe

Junge Kieferntriebe mit männlichen Blüten werden mit der flachen Konkavzange entfernt.

Über einem Nebenzweig wird der Ast mit der großen Konkavzange eingekürzt.

Konkavzangen richtig anwenden

Beim Entfernen dickerer Zweige und Äste ist es wichtig, schon mit dem Schnitt für eine anschließend gute Wundverheilung zu sorgen. Ist einem Baum eine größere Wunde zugefügt worden, beginnen an den Wundrändern die Kambiumzellen mit verstärkten Teilungsaktivitäten, um die Wunde möglichst schnell zu verschließen. Das Kambium ist eine dünne Zone teilungsaktiver Zellen zwischen dem Holz und der Rinde. Bei einem Bonsai ist es wichtig, daß sich die verheilte Wunde anschließend auch gut in den Holzkörper einpaßt. Auf keinen Fall sollte dieser Bereich sich als Vorwölbung aus

Flache
Konkav-
zange

Große
Konkav-
zange

Knospenzange

dem Holzkörper herausheben.

Durch einen konkaven Schnitt, der etwas tiefer in das gesunde Holz hineinreicht als der Ansatz des entfernten Astes war, werden die Voraussetzungen hierfür geschaffen. Das Ergebnis ist ein Narbenbereich, der im Idealfall nach einigen Jahren kaum noch zu sehen ist.

Welche der verschiedenen Konkavzangen für den Schnitt gewählt wird, hängt von der Dicke des Astes ab. Für einen Konkavschnitt bei weniger dicken Zweigen und Ästen hat sich die **flache Konkavzange** bewährt. Die Schneidbacken greifen seitlich an den Zweig und führen einen mäßig konkaven Schnitt aus. Das Wundbild erinnert an ein flaches Oval, welches an beiden En-

Mit der Knospenzange wird die Wunde nach-
bearbeitet.

Die Wundknetmasse schützt die Wunde
während der Verheilung.

den spitz zuläuft. Die spitzen Enden sollten jeweils den oberen und unteren Teil der Wunde bilden, so daß der Saftstrom die Wundverheilung von den Seiten her beschleunigt.

Große Konkavzange: Je dicker der zu entfernende Ast ist, desto weiter müssen sich die Schneidbacken abspreizen lassen. Natürlich müssen die Hebelarme, an denen unsere Hand angreift, lang sein, damit die Druckkraft der Hand entsprechend verstärkt wird. Die gewölbte Stellung der Schneidbacken zueinander zieht die Backen beim Schnitt tief in das gesunde Holz hinein. Auch hier sollte der Schnitt der Richtung des Saftstroms folgen.

Bei der **Knospenzange,** einer weiteren Konkavzange, sind die Schneidbacken halbkugelig geformt. Das Schnittbild ergibt also eine fast kreisrunde Vertiefung im gesunden Holz.

Ihren Namen erhielt sie von ihrem Einsatz bei der Entfernung von Knospen nah am Stamm oder an dickeren Ästen.

Große Wunden bearbeitet man mit der Knospenzange so, daß das Zentrum der Wunde leicht über die sonstige Holzfläche hervorsteht. So wird der Wundwulst beim Zuwachsen leicht angehoben und integriert sich organisch in den Holzzylinder.

Wundverschlußmittel

Da sich die endgültige Verheilung einer größeren Wunde über mehrere Jahre hinziehen kann, ist sie eine ideale Eintrittstelle für holzzerstörende Bakterien und Pilze. Deshalb ist es notwendig, den Wundbereich besonders zu schützen.

Im Handel werden verschiedene Wundverschlußmittel angeboten, die auch alle ihren Zweck erfüllen. Ein besonders geeignetes Wundverschlußmittel kommt aus Japan und besteht aus einer Knetmasse. Man formt zwischen den mit Wasser angefeuchteten Fingerspitzen eine kleine Kugel und drückt sie bis zu deren Rändern auf die Wunde. Nach der Wundverheilung fällt diese Masse restlos ab.

**Wundknet-
masse
aus Japan**

Mit der Schere werden lange Triebe auf kürzere Nebentriebe zurückgesetzt.

Der Ast ist außer Form geraten. Schnittpflege ist dringend erforderlich.

Nach dem Ausdünnen sind die Einzellaubpolster besser zu erkennen.

SO KOMMT IHR BONSAI IN FORM

Da Bonsai keine speziellen Züchtungen sind und die Bäume ständig wachsen, muß an der Form des Baumes stets gearbeitet werden. Mehrere spezielle Techniken dienen dazu, die Form des Bonsai zu verbessern.

Laubbäume richtig schneiden

Vor Beginn der Wachstumszeit müssen die Äste und Zweige von Laubbäumen in ihrer Form überarbeitet werden. Alle trockenen Zweige werden entfernt, überlange Triebe gekürzt.

Bereits an der Stellung der Knospen kann man sehen, in welche Richtung der Trieb wachsen wird, der sich daraus entwickelt. So kann bereits durch den Schnitt das Verzweigungsmuster beeinflußt werden. Soll sich beispielsweise ein Ast nach rechts verlängern, schneidet man den Ast kurz vor einer nach rechts zeigenden Knospe ab.

Nadelbäume richtig schneiden

Bei Koniferen entfällt die Möglichkeit, das Verzweigungsmuster im laublosen Zustand zu beurteilen. Die wichtigste Arbeit bei der Formerhaltung an z.B. Wacholdern ist das Rücksetzen von längeren Zweigen auf kürzere Nebenzweige, mit dem Ziel, dichte, wolkenförmige Nadelpolster auf den Ästen aufzubauen. Da die Hauptwuchskraft in die Triebspitzen geht, würde bei ungehindertem Wachstum der Ast weiter innen verkahlen.

Gleichzeitig sollen die Nadelpolster eines Astes in viele kleine 'Wölkchen' an den Zweigen unterteilt sein. Dazu ist es notwendig, zu dicht gewachsene Astpolster immer wieder durch Ausdünnen aufzulockern. Die Astsilhouette sollte von vorn betrachtet einen Halbkreis beschreiben, der mit einer aufgelockerten Kontur versehen ist. Von der Seite betrachtet sind die auf dem Ast wachsenden Nadelpolster an der Astspitze niedriger und werden zum Stamm hin etwas höher. Alle Triebe, die auf der Unterseite des Astes nach unten wachsen, werden entfernt. So erreicht man, daß übereinanderliegende Äste strukturell getrennt sind. Jeder Ast sollte vom Betrachter als Einzelelement der Gestaltung erkennbar sein.

Triebe mit den Fingern kürzen

Neben den verschiedenen Scheren und Zangen sind unsere Finger ein wichtiges Werkzeug bei der Bonsai-

Gestaltung. Wichtig ist dabei, daß nicht die Fingernägel eingesetzt werden, die ungewollt Blätter verletzen könnten. Alle noch weichen, krautigen Triebe können mit den Fingerkuppen von Daumen und Zeigefinger der einen Hand gezupft werden, während die Finger der anderen Hand den Rest des Triebes sichern.

Einkürzen von 'Kerzen' bei Kiefern: Aus den Knospen der Kiefern entwickeln sich die Triebe zunächst kerzenartig. Erst wenn der Trieb fast seine volle Länge erreicht hat, drängen die Nadeln aus ihren Blattscheiden. Auch bei Kiefern ist das Ziel, dichte Nadelpolster auf der Astoberseite anzustreben. Dazu müssen die lang auswachsenden Triebkerzen eingekürzt werden. Auch diese Arbeit geschieht mit den Fingerkuppen. Stehen mehrere 'Kerzen', vor allem an den Zweigspitzen, eng nebeneinander, wird zunächst die längste 'Kerze' eingekürzt. Die nächste 'Kerze' wird erst dann verkürzt, wenn sie fast die ehemalige Länge der vorher gekürzten 'Kerze' erreicht hat. Bei mehr als zwei eng beieinander wachsenden 'Kerzen' läßt man nur zwei bis drei 'Kerzen' stehen.

Je nach ihrer Lage am Baum, werden sie unterschiedlich stark und zu verschiedenen Zeiten eingekürzt. Wir beginnen mit den lang auswachsenden Trieben an der Baum- und den Astspitzen. Diese werden um etwa zwei Drittel verkürzt. Etwa ein bis zwei Wochen später sind die 'Kerzen' im mittleren Bereich des Baumes um etwa ein Drittel zurückzunehmen. Die ganz kurzen 'Kerzen' im Inneren des Baumes brauchen in der Regel nicht gekürzt zu werden. Blüht eine Kiefer, so erscheinen die weiblichen Blüten, aus denen sich die Zapfen entwickeln, an den Spitzen diesjähriger Triebe. Männliche Blüten entwickeln sich an der Basis diesjähriger Triebe. Nach der Blütezeit fallen die männlichen Blüten ab, und zurück bleibt ein verhältnismäßig langes, unbelaubtes Triebstück. Da das den optischen Eindruck des Baumes stört, werden solche Kerzen nach der Blüte ganz entfernt.

Im Herbst muß an Kiefern zusätzlich die Blattmasse reduziert werden. Die Nadeln des vorherigen Jahres werden kurz oberhalb der häutigen Blattscheide abgeschnitten. Nach einiger Zeit werden diese „Stoppeln" trocken und fallen ab. Von einem Abzupfen der Nadeln ist wegen leicht entstehender Rißwunden abzuraten.

Mit den Fingerkuppen wird die Triebspitze vorsichtig, aber fest ergriffen.

Durch eine leichte Drehbewegung wird die Triebspitze entfernt.

Die benachbarte Kerze wird etwa eine Woche später eingekürzt.

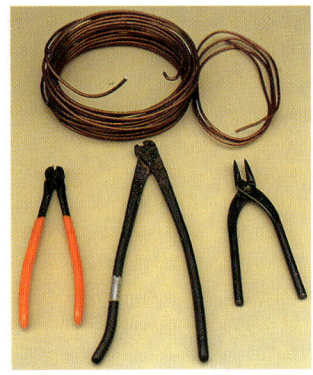

Oben im Bild: Eloxierter Aluminiumdraht in verschiedenen Stärken
Unten von links nach rechts: Flache Drahtzange, verschiedene Bauformen der Drahtzange

VOM DRAHTEN UND ENTDRAHTEN

Bei der Bonsai-Gestaltung versuchen wir, einem verhältnismäßig jungen Baum das Aussehen eines alten Baumveteranen zu geben. Während bei einem jungen Baum die Äste aufwärts streben, sind die Äste eines alten Baumes mehr oder weniger stark in der Waagerechten oder sogar abwärts geneigt. Beim Bonsai wird dieser Wuchs durch Drahten erreicht, was so geschieht, daß nach der Entfernung des Drahtes keine Narben verbleiben.

Die Werkzeuge

Neben verschiedenen Drahtstärken benötigt man eine Drahtzange. Ähnlich wie bei einem Seitenschneider gehen die kurzen Schneidbacken nach vorn gerichtet aufeinander zu. Vor allem beim Entfernen des Drahtes kann man ganz nah an die Rinde herangehen, um die Drahtwindung durchzukneifen.
Die flache Drahtzange benötigt man, um eventuell dickere Drähte eng anzulegen und dabei fest greifen zu können.

Das Eindrahten

Bei der ersten Formgebung eines Baumes zum Bonsai muß er meist vollständig eingedrahtet werden. Als erstes wird der Stamm eingedrahtet und in die beabsichtigte Form gebogen. Darauf folgen von unten nach oben die Äste und schließlich die daran befindlichen Zweige. Meist verwendet man dazu eloxierter Aluminiumdraht. Bei der Auswahl der richtigen Drahtstärke muß der Draht etwas weniger gut zu biegen sein als der Baumteil, der eingedrahtet werden soll. Bei Verwendung von Aluminiumdraht wird der Draht meist etwa ein Drittel so dick sein wie der Baumteil.

Die eine Hand fixiert den Draht, während die andere Hand ihn um den Stamm windet.

Nadeln und Blätter dürfen nicht mit eingedrahtet werden.

Je zwei gleich starke Zweigteile werden mit einem Draht korrigiert. Die unterschiedlichen Drahtstärken sind hier in verschiedenen Farben dargestellt.

Folgende Regeln sind zu beachten:

▸ Der Draht für den Stamm wird auf dessen Rückseite im 45°-Winkel in die Erde gesteckt.

▸ Der Draht wird mit der einen Hand fixiert, während die andere Hand den Draht möglichst weit außen greift und im 45°-Winkel um den Stamm windet.

▸ Der Draht sollte zwar eng anliegen, aber nicht in die Rinde einschneiden.

▸ Beim Eindrahten von Ästen und Zweigen werden nach Möglichkeit zwei gleich starke mit einem Draht umwickelt. Beim Übergang zwischen den beiden Ästen oder Zweigen sollte mindestens eine Drahtwindung um den Stamm oder Ast geführt werden (vgl. Zeichnung oben).

▸ Umwinden mehrere Drähte einen Baumteil, werden diese parallel zueinander angelegt. Drähte dürfen sich nicht überkreuzen.

▸ Der Draht muß auf der Außenseite der beabsichtigten Biegung liegen, um seine Kraft entfalten zu können.

▸ Beim Biegen des Baumteils liegt mindestens der Daumen einer Hand auf der Innenseite der Biegung. Einerseits übt er auf der Innenseite den Biegedruck aus, andererseits fühlt man so, ob der Baumteil zu brechen droht. Kurz vor dem eigentlichen Bruch bemerkt man ein ganz leichtes Ruckeln in dem Baumteil.

Nachdem alle Drähte angelegt sind, wächst der Baum weiter, und Stamm, Äste und Zweige werden dicker. Dadurch wird einerseits die Korrektur durch das hinzukommende Holz stabilisiert. Andererseits drückt das Gewebe immer mehr auf den Draht. Bald wird der Saftstrom von den Drähten gestaut, und der Baum versucht, den Draht zu überwallen. Nun ist der Zeitpunkt gekommen, den Draht wieder zu entfernen.

Das Entfernen des Drahtes

Beim Entdrahten arbeitet man von oben nach unten und von außen nach innen. Dabei wird jede Drahtwindung mit der Drahtzange durchgekniffen und fällt dadurch ab. Auf keinen Fall sollte man versuchen, den Draht abzuwickeln. Leicht bricht man dabei Äste oder Zweige ab.

Beim Entdrahten arbeiten wir uns mit der Drahtzange von oben nach unten und von außen nach innen durch den Baum.

BONSAI RICHTIG UMTOPFEN

Jede Pflanze in einem Gefäß hat nur einen begrenzten Raum für ihre Wurzeln zur Verfügung. Sie kann aber nur so lange gesund bleiben und wachsen, wie auch ihre Wurzeln wachsen können. Bei einer Topfpflanze geht man auf die nächste Topfgröße über und füllt mit neuer Erde auf. Bei einem Bonsai sorgen wir durch einen Beschnitt des Wurzelballens für neuen Raum, der mit frischer Erde aufgefüllt werden kann.

Vorbereiten: Unmittelbar vor dem Umtopfen wird die trockene Pflanzerde gesiebt. Mit einem entsprechenden Siebesatz werden Körnungen von mehr als einem Zentimeter (Drainageschicht), bis sechs Millimeter (Pflanzerde), bis ein Millimeter (Deckschicht) und staubfeine Teile (werden weggeworfen) ausgesiebt. Die Erde des Bonsai läßt man vor dem Umtopfen leicht antrocknen.

Austopfen: Mit einem scharfen Messer wird der Wurzelballen vom Schalenrand gelöst. Eventuell vorhandene Fixierungsdrähte werden entfernt. Nun läßt sich der Baum anheben.

Bearbeiten: Mit einer Wurzelkralle wird der Wurzelballen vorsichtig von außen nach innen gelockert. Nach kurzer Zeit hängen lange Wurzelbärte herab. Bei einem normalen Wurzelschnitt wird nun etwa ein Drittel der Wurzelmasse abgeschnitten. Bei einem mäßigen Wurzelschnitt entfernt man nur etwa ein Viertel der Wurzeln.

Zurück bleibt ein kompakter, flacher Wurzelballen. Nun sollte vorsichtig der Wurzelhals freigelegt werden. Hierzu wird ein Eßstäbchen mit abgerundeter Spitze verwendet. Die dickeren, auf den Baum zustrebenden Wurzeln sollten eine mäßig lange Strecke weit über der Erdoberfläche sichtbar sein.

Eintopfen: Die Schale wird gründlich von Kalkablagerungen vom Gießen und sonstigem Schmutz befreit. Über den Wasserabzugslöchern werden kleine Kunststoffnetze mit Bonsai-Draht-Schlaufen fixiert, damit die Erde nicht hinausrieseln kann. Durch je zwei Abzugslöcher wird ein dünner Bonsai-Draht von unten in die Schale eingeführt. Mit diesen Drähten wird der Baum später in der Schale verankert.

Auf den Schalenboden wird eine Schicht der groben Bonsai-Erde als Drainageschicht eingefüllt. An der Stelle, an der der Baum stehen soll, wird ein kleiner Hügel Pflanzerde aufgestreut. Mit leicht drehenden Bewegungen drückt man den Baum auf den Hügel, sein Wurzelhals soll leicht über den Schalenrand ragen. Die Verankerungsdrähte werden kreuzweise über den Wurzelballen gelegt und die Enden fest miteinander verdrillt. Sie sorgen in der anschließenden Erholungsphase dafür, daß die sich bildenden feinen Wurzeln durch Baumbewegungen nicht wieder abgerissen werden.

Die trockene Pflanzerde wird eingefüllt und durch vorsichtig stochernde Bewegungen mit dem Eßstäbchen zwischen die Wurzeln gearbeitet. Nur Wurzeln, die engen Kontakt mit Bodenteilchen haben, können Wasser aufnehmen. Wenn alle Hohlräume zwischen den Wurzeln mit Pflanzerde gefüllt sind, kann eine sehr dünne Schicht Deckerde aufgestreut werden.

Angießen: Zum Abschluß muß angegossen werden, bis überschüssiges Gießwasser aus den Abflußlöchern austritt.

Für etwa vier Wochen darf der Baum nicht in der prallen Sonne stehen und auch nicht gedüngt werden. Erst wenn der Baum wieder deutlich neuen Austrieb zeigt, kann er an seinen gewohnten Platz zurück.

Die Schale ist vollständig durchgewurzelt, jetzt muß umgetopft werden.

Grobe Erde als Drainageschicht und der Pflanzhügel werden eingefüllt.

Lange Wurzeln haben sich am Schalenrand entwickelt.

Mit einem Eßstäbchen wird die Erde zwischen die Wurzeln gestochert.

Nach dem Lockern des Ballens hängen lange Wurzelbärte herab.

Zum Abschluß wird feine Deckerde aufgestreut und glattgefegt.

Über den Abzugslöchern sind Kunststoffnetze befestigt und die Fixierungsdrähte gelegt.

Nun wird der Bonsai gut angegossen und im Halbschatten aufgestellt.

Bonsai aus jungen Pflanzen

Baum, jung und zu Höherem berufen

Bei richtiger Auswahl kann eine junge Pflanze zum Bonsai umgestaltet werden. Aber auch jung erworbene Bonsai kann man durch entsprechende gestalterische Maßnahmen weiter verbessern.

GEZIELT WACHSEN LASSEN, GEZIELT SCHNEIDEN

Sollen der Stamm oder einzelne Äste an Dicke zunehmen, ist es notwendig, die Triebe lang auswachsen zu lassen. Je mehr Blätter mit Hilfe der Photosynthese Baustoffe herstellen können, desto größer ist der Dickenzuwachs an den davon versorgten Baumteilen. So nimmt nicht nur der Ast, an dem die Triebe lang auswachsen durften, deutlich an Dicke zu, sondern auch der Stamm.

Läßt man den Bonsai mehrfach hintereinander durchwachsen und schneidet ihn dann immer wieder stark zurück, erhält man einen entsprechend starken Dickenzuwachs an

Durch die 'Wachsen-lassen-und-schneiden'-Methode wurde die Stammdicke bei dem Dreispitzahorn erzielt.

**Der 25 Jahre alte Ficus retusa ist stark durchge-
wachsen.**

**Nach dem kräftigen Rückschnitt kommen Stamm,
Äste und Wurzelhals wieder zur Geltung.**

Stamm und Ästen. Nachtei-
le dieser 'Wachsen-lassen-
und-schneiden'-Methode
sind häufig starke Schnitt-
wunden, die erst nach einigen Jahren vernarben.
Läßt man den Bonsai hingegen nur einmal kräftig
durchwachsen, um ihn
dann stark zurückzuschnei-
den, kann das ein Jung-
brunnen für den Baum sein.
In dieser Zeit hat der Baum
die Möglichkeit, viel Energie
zu sammeln und dadurch
für gestalterische Eingriffe

besser gerüstet zu sein.
Bei dem Ficus retusa (Bild
oben) ist diese Methode angewendet worden. Der
Baum durfte einen Sommer
lang ungehindert durch-
wachsen. Nun muß er wie-
der in seine Form gebracht
werden.
Dabei werden nicht nur die
überlangen Triebe stark zurückgeschnitten, sondern
der Baum als Ganzes in seiner Form überarbeitet. Dabei ist ein Gestaltungsziel,
dem Baum wieder die nöti-

ge Transparenz zu geben.
Damit ist gemeint, daß dem
Betrachter das Hauptgestal-
tungselement Stamm natür-
lich aussehend sichtbar gemacht wird. Zusätzlich werden die einzelnen Astetagen
wieder deutlicher herausge-
arbeitet.
Die Silhouette der Krone be-
schreibt nun wieder die
Form eines ungleichschenkligen Dreiecks. Eckpunkte
des Dreiecks sind die Spitzen der unteren beiden Äste
und die Kronenspitze.

Die rechte Seite der Kerbbuche.

Die Rückseite – der Baum
strebt vom Betrachter weg.

Die linke Seite der Kerb-
buche.

Die Vorderseite – die Buche neigt sich zum Betrachter.

VOM BAUM ZUM BONSAI WERDEN

Durch Drehen eines Bonsai findet man seine Vorderseite heraus.
▶ Die Stammbiegungen verlaufen harmonisch hauptsächlich nach rechts und links.
▶ Die unteren Äste entspringen an den Außenseiten der Stammbiegungen.
▶ Der Baum ist breiter als tief, hat aber deutliche Tiefenwirkung.
▶ Die Krone neigt sich zum Betrachter hin.

Als erster Gestaltungsschritt werden alle Äste und Zweige entfernt, die auf den Innenseiten von Stammbiegungen entspringen. Dadurch wird die Baumstruktur transparenter.

Gesucht wird nun ein Zweig, der die neue Stammverlängerung darstellen kann. Nach Möglichkeit sollte dieser Zweig auf der Vorderseite entspringen, so daß der notwendige harte Schnitt auf der Rückseite liegt und dadurch nicht störend auffällt.

Da der Baum nun niedriger ist, müssen die verbliebenen Äste ebenfalls zurückgeschnitten und ausgedünnt werden. Man arbeitet sich wieder an den Linien eines gedachten ungleichschenkligen Dreiecks entlang. Eckpunkte sind die neue Baumspitze und die Spitzen der beiden untersten Äste.

Im ersten Jahr verbleibt der Baum zur Erholung in der Anzuchtschale. Im nächsten Frühjahr wird er dann in seine passende Bonsai-Schale umgepflanzt, die dann fest zu ihm gehört.

Alle Äste und Zweige auf den Innenseiten der Stammbiegungen werden entfernt.

Die Grundgestaltung ist abgeschlossen. Nun wird der Zuwachs zu einer Verfeinerung der Krone und der Äste führen.

Die Stammlänge wird auf einen geeigneten Zweig zurückgeschnitten.

So schneiden, daß die Baumsilhouette ein ungleichschenkliges Dreieck bildet.

EIN LEBEN LANG ENTWICKELN

Ein Bonsai ist ein lebendes Kunstwerk. Da der Baum sein ganzes Leben lang wächst, manchmal Baumteile absterben oder der Bonsai seinen Besitzer wechselt, entstehen immer wieder neue Situationen, auf die reagiert werden muß. Der Bonsai-Freund befindet sich in einem permanenten Zwiegespräch mit dem Bonsai, wodurch seine Kreativität immer wieder gefordert ist.

Bei einem gekauften Bonsai vertrauen die meisten Menschen auf das gestalterische Können des Bonsai-Gestalters. Aber auch ein Profi ist nur ein Mensch, der das eigentliche Potential des Baumes vielleicht nicht voll erkannt hat. Manchmal ist nur das Entfernen eines einzelnen Astes notwendig, um dem Bonsai eine neue, viel bessere Aussage zu geben.

In dem hier vorgestellten Beispiel ist die Gestaltung nur anders in der Schale zu positionieren, um eine Gestaltung mit einem Makel in einen Bonsai mit einer in sich schlüssigen Aussage zu verwandeln.

Nach dem Blattschnitt wurde klar, der Bonsai braucht eine neue Vorderseite. Gerade bei Ahornen, wie im Beispiel links, einem Dreispitzahorn, kann man nach der Aushärtung der Blätter einen Blattschnitt durchführen. Der Baum sollte hierfür absolut gesund und ohne Schädlingsbefall sein. Auch sollte ein Blattschnitt nicht in jedem Jahr durchgeführt werden, da der Baum durch diesen Eingriff natürlich geschwächt wird. Beim Blattschnitt schneidet man nur die Blattflächen ab und läßt die Blattstiele stehen. Während der Entwicklung der ersten Blattgarnitur haben sich in den Blattachseln bereits Knospen gebildet. Einige Zeit nach dem Blattschnitt trocknen die Blattstiele ein und fallen ab. Gleichzeitig treiben die Knospen aus, es wächst eine neue Blattgeneration. Da man bei einem Baum nach dem Blattschnitt die Gestaltungsstruktur gut beurteilen kann, ist jetzt auch der richtige Zeitpunkt, die

Ein Dreispitzahorn im Doppelstamm-Stil kurz vor einem Blattschnitt.

Nach dem Blattschnitt werden die gestalterischen Defizite deutlich. Mit dem gewonnenen Überblick wird neu gestaltet.

Lediglich eine leichte Drehung in der Schale, einige Schnittmaßnahmen, und der Bonsai bekommt ein harmonisches Aussehen.

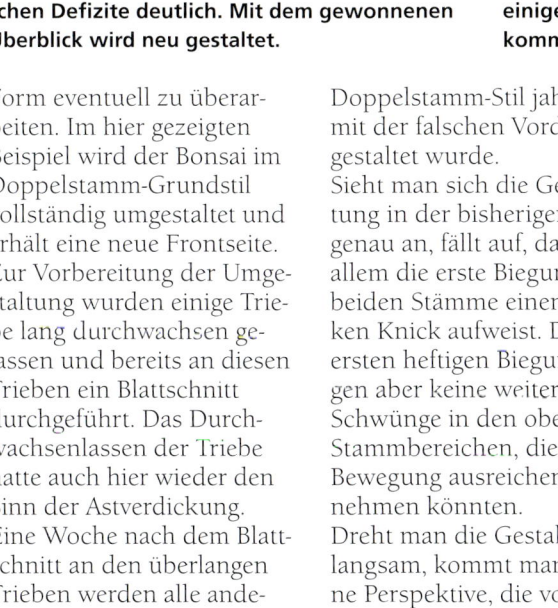

Form eventuell zu überarbeiten. Im hier gezeigten Beispiel wird der Bonsai im Doppelstamm-Grundstil vollständig umgestaltet und erhält eine neue Frontseite. Zur Vorbereitung der Umgestaltung wurden einige Triebe lang durchwachsen gelassen und bereits an diesen Trieben ein Blattschnitt durchgeführt. Das Durchwachsenlassen der Triebe hatte auch hier wieder den Sinn der Astverdickung. Eine Woche nach dem Blattschnitt an den überlangen Trieben werden alle anderen Blätter ebenfalls entfernt. Beim Rückschnitt der langen Triebe wurde deutlich, daß der Bonsai im

Doppelstamm-Stil jahrelang mit der falschen Vorderseite gestaltet wurde.
Sieht man sich die Gestaltung in der bisherigen Form genau an, fällt auf, daß vor allem die erste Biegung der beiden Stämme einen starken Knick aufweist. Dieser ersten heftigen Biegung folgen aber keine weiteren Schwünge in den oberen Stammbereichen, die diese Bewegung ausreichend aufnehmen könnten.
Dreht man die Gestaltung langsam, kommt man an eine Perspektive, die vor allem beim Hauptstamm eine harmonische Linienführung zeigt. Zusätzlich tritt der Nebenstamm in den Hinter-

grund und gibt der Gestaltung mehr Tiefenwirkung. In der bisherigen Stellung wirkten die beiden Stämme eher langweilig, nebeneinander aufgestellt.
Bei dieser neuen Aufteilung der Gestaltung müssen noch weitere Äste und Zweige entfernt werden, um die neue Gestaltung zu komplettieren. Die Krone und der unterste Ast des Hauptstammes werden ausgedünnt. Die anderen Äste werden eingekürzt und ebenfalls ausgedünnt. Der Nebenbaum wird in seiner Aststruktur dem Hauptbaum angepaßt, so daß die Gesamtgestaltung wieder eine Einheit bildet.

BAUMSCHULPFLANZEN ALS BONSAI-KANDIDATEN

Der Anfang für das Bonsai-Fieber ist bei den meisten Bonsai-Freunden der Kauf eines Bonsai. Häufig keimt aber bald der Wunsch, auch eigene Gestaltungen zu machen. Hier können sich Baumschulen als wahre Fundgruben für Bonsai-Kandidaten herausstellen.

Geeignete Pflanzen finden
Normalerweise werden in Baumschulen die Bäume größtmöglich präsentiert.

Ein Juniperus communis 'Hornibrookii', wie man ihn in jeder Container-Baumschule finden kann.

Sucht man nach einer für die Bonsai-Gestaltung geeigneten Baumschulpflanze, geht man nach ganz anderen Kriterien vor und analysiert die einzelnen Bäume sehr gründlich auf ihre Gestaltbarkeit hin.

▶ Der Stamm sollte schon eine gewisse Dicke haben. Alle Jungpflanzen mit Stämmchen, die kaum die Dicke eines Bleistifts aufweisen, sind meist gar nicht geeignet.
▶ Der Baum muß möglichst viele Äste und Zweige haben. Sind nur wenige vorhanden, so hat man bei der anschließenden Gestaltung nur eingeschränkte Möglichkeiten, einen ausgewogenen Bonsai zu formen.
▶ Bereits kurz über dem Wurzelansatz sollte der Baum sich gut verzweigen. Da ein Bonsai einen großen Baum möglichst perfekt darstellen soll, benötigen wir häufig schon sehr weit unten am Stamm die ersten gestaltungsfähigen Äste.
▶ Der Wurzelballen sollte kompakt und reich verzweigt sein. Nur wenn der Baum ein ausreichend starkes und gesundes Wurzelsystem hat, kann er den doch sehr deutlichen Eingriff der Gestaltung problemlos überstehen.
▶ Wichtig ist ein guter Übergang zwischen Wurzel-

system und Stamm: der Wurzelhals. Wenn man rund um den Stamm die Erde entfernt, sollten im Idealfall mehrere dicke Wurzeln nach allen Seiten vom Stamm weggehen. Dieser Bereich wird beim Einpflanzen in die Bonsai-Schale freigelegt, wodurch die Illusion des großen Baumes dargestellt werden kann.

Im Beispiel links wurden in einer Container-Baumschule mehrere gleich aussehende *Juniperus communis* 'Hornibrookii' gekauft. Es handelt sich hierbei um eine recht weit verbreitete Zwergform des Gemeinen Wacholders.
Die Rinde ist glänzend dunkelbraun. Die Nadeln stehen sehr dicht, sind fünf bis sechs Millimeter lang, oben silberweiß gestreift, mit hellgrünem Rand und sattgrüner Unterseite. Im Winter werden die Nadeln häufig etwas bräunlich, erhalten aber im Frühjahr wieder die natürliche Färbung.
Die Bäume waren dicht bewachsen und reich verzweigt. Bei oberflächlicher Betrachtung konnte eigentlich nur eine streng aufrechte Form gestaltet werden. Beim Wegbiegen der den Stamm verdeckenden Äste offenbaren sich erst die verborgenen gestalterischen Möglichkeiten.

Eine Container-Pflanze wurde im Literatenstil gestaltet.

Eine andere Container-Pflanze wurde in windgepeitschter Form gestaltet.

Unterschiede herausarbeiten

Da der Stamm zu lang war, wurde er nicht nur eingekürzt. Oberhalb der neuen Krone blieb noch ein Teil der Stammverlängerung erhalten. Dort wurde die Rinde an dem Baumteil entfernt und das Holz mit einem speziellen Bleichmittel für Bonsai konserviert. Dieser entrindete Bereich setzt sich auf der Vorderseite des Stammes in einem schmalen Streifen nach unten fort. Je nach Gestaltungspotential ergeben sich aus Baumschulpflanzen die Bonsai-Stile.

Beispiel: Literatenform
Einige Äste, die für die Gestaltung als lebender Teil unwichtig waren, wurden entrindet. Die verbliebenen Äste wurden abwärts geneigt gedrahtet.

Beispiel: windgepeitschte Form
Bei der Analyse der vorhandenen Gestaltungselemente zeigte sich, daß im unteren Bereich des Stammes nur ganz dünne Ästchen und Zweige vorhanden waren, die für eine Ausformung keine Möglichkeit boten. Erst in einer gewissen Stammhöhe befanden sich zwei verhältnismäßig dicke Äste, die sich zur Gestaltung eigneten. Da der vordere Ast abwärts wuchs und nicht mehr biegsam war, mußte der andere Ast in gleicher Richtung gedrahtet werden. Wenn man nun den Stamm schräg in die Schale einpflanzt, erhält man einen Bonsai in windgepeitschter Form.

Auch hier wurden wieder erhebliche Stammbereiche entrindet und gebleicht. Diese Stilmittel werden immer dann angewendet, wenn der Eindruck eines alten, sturmerprobten Baumveteranen nachempfunden werden soll. Wichtig ist dabei, daß die Leitungsbahnen, die für die Versorgung der lebenden Baumteile mit Wasser und Nährsalzen zuständig sind, nicht verletzt werden. Dann schaden solche geschaffenen Bleichholzpartien nicht und wirken natürlich entstanden.

LITERATUR

Stahl, Horst: Zimmerbonsai –
Miniaturbäume für das Fen-
sterbrett. Stuttgart 1992.
Stahl, Horst: Grundkurs Bon-
sai. Stuttgart 1992.
Stahl, Horst: Bonsai. Der Weg
zum Meister. Stuttgart 1994.
Tomlinson, Harry: Bonsai. Das
Handbuch für Praktiker. Stutt-
gart 1991.

ADRESSEN

Bonsai-Fachbetriebe

Bonsai- und Blumenboutique
Christian Gromadecki
Mehringdamm 46
D-10961 Berlin

Bonsai-Garten
W. Tunnat
Gärtnerstraße 24
D-20253 Hamburg

Bonsai-Centrum Elsholz
Röntgenstraße 3
D-24537 Neumünster

Bonsai-Schule Enger
Hermann Pieper
Feldstraße 41
D-32130 Enger/Steinbeck

Bonsai-Studio Müller
Spandauer Weg 16
D-37085 Göttingen

Bonsai-Werkstatt
Werner Busch
Hammer Dorfstraße 167
D-40221 Düsseldorf

Bonsai-Centrum Wuppertal
Blumen Kiekath
Wittener Straße 306
D-42279 Wuppertal

Bonsai-Laden Feldhaar
Karlstraße 12
D-46414 Rhede

Bonsai-Botanicum
Wilfried Geßner
Grünstraße 39
D-46483 Wesel

Bonsai-Zentrum
Wolfgang Klemend
Weseler Straße 57
D-48151 Münster

Bonsai-Zentrum Frankfurt
Bonsai-Rüger
Sandweg 6
D-60316 Frankfurt

DIE GALERIE
Bonsai Rüger
Neuer Weg 9
D-61137 Schöneck

Bonsai-Garten Oberursel
Harro Peschmann
Adenauerallee 9
D-61440 Oberursel

Bonsai-Studio
Christa Triesch
Pappelweg 8
D-63674 Altenstadt-Waldsied-
lung

Bonsai-Garten Klotz
Bahnhofstraße 10
D-63853 Mömlingen

Bonsai-Laden
Dieter Ott
Rheintalstraße 27
D-65199 Wiesbaden

Bonsai-Kunst Kiefer
Stefanstraße 3
D-66127 Saarbrücken

Bonsai-Centrum Heidelberg
Paul Lesniewicz
Mannheimer Straße 401
D-69123 Heidelberg

Bonsai-Ecke Schwarz
Dieter Schwarz
Haugweg 19
D-71711 Murr

Bonsai-Schule Brandt
Mittlere Oberaustraße 7
D-77963 Schwanau

Bonsai-Centrum München
A. Bauer & Co. KG
Schleißheimer Straße 458
D-80935 München

Kofuku-Tel en Bonsai
G. Vorderwülbecke
Hohenofener Straße 92
D-83024 Rosenheim-Brucklach

Bonsai-Lädchen
Volker Eppler
Rosenstraße 9
D-97618 Wülfershausen/S.

Bonsai-Zentrum Schinznach
Hermann Zulauf AG
CH-5107 Schinznach Dorf

Bonsai-Garten-Zürich
E. Gutmann
Laufferweg 8
CH-8006 Zürich

Bonsai Centrum Russikon
H. Waffenschmidt
CH-8332 Russikon

Bonsai-Park St. Gallenkappel
Oberrheinstraße 18
CH-8735 St. Gallenkappel

Handgetöpferte Schalen
Peter Krebs
Oststraße 9
D-35745 Herborn

REGISTER

Halbfett gedruckte Seitenzahlen
weisen auf Abbildungen hin

BILDNACHWEIS

Mit Farbfotos von Helmut Rüger, Schöneck (1 M, 4, 8 u, 10 o, 13, 16 o, 17 u, 19, 24, 25, 27, 30, 31, 35, 36, 40 (2), 41, 44 (2), 45 (2), 46, 47, 52, 54, 55, 56, 57); alle anderen: Archiv Horst Stahl, Haltern.

Mit Zeichnungen von Horst Stahl, Haltern (1); Marianne Golte-Bechtle, Stuttgart, unter Verwendung einer Zeichnung von Miloš Váňa, Prag (42); Miloš Váňa, Prag, coloriert von Marianne Golte-Bechtle, Stuttgart (49).

IMPRESSUM

Umschlaggestaltung von Atelier Reichert, Stuttgart.
Umschlagvorderseite: Foto von Archiv Horst Stahl, Haltern; Zeichnung Miloš Váňa, Prag.
Umschlagrückseite: Foto links von Archiv Horst Stahl, Haltern; Foto rechts von Helmut Rüger, Schöneck.
Klappe außen: Foto von Archiv Horst Stahl, Haltern.
Klappe innen: Fotos von Helmut Rüger, Schöneck.

Mit 106 Farbfotos, 1 Schwarzweiß- und 2 Farbillustrationen.

Die Deutsche Bibliothek – CIP-Einheitsaufnahme

Stahl, Horst:
Bonsai leichtgemacht / Horst Stahl. Mit Gestaltungsfotos von Helmut Rüger. – Stuttgart : Franckh-Kosmos, 1996
ISBN 3-440-07065-4
NE: Rüger, Helmut [III.]

© 1996, Franckh-Kosmos Verlags-GmbH & Co., Stuttgart
Alle Rechte vorbehalten
ISBN 3-440-07065-4
Lektorat: Engelbert Kötter
Grundlayout: Atelier Reichert, Stuttgart
Gestaltung: Gisela Dürr, München
Satz: ad hoc! Typographie, Ostfildern
Printed in Italy/Imprimé en Italie
Druck und Buchbinder: Printer Trento S. r. l., Trento

Bücher · Kalender · Spiele · Experimentierkästen · CDs · Videos · Seminare
Natur · Garten & Zimmerpflanzen · Heimtiere · Pferde & Reiten · Astronomie · Angeln & Jagd · Eisenbahn & Nutzfahrzeuge · Kinder & Jugend

Informationen senden wir Ihnen gerne zu

KOSMOS Postfach 10 60 11
D-70049 Stuttgart
TELEFON +49 (0)711-2191-0
FAX +49 (0)711-2191-422
WEB www.kosmos.de
E-MAIL info@kosmos.de

Besitzer der Bäume:

Bonsai-Centrum Heidelberg: (15 o, 18, 20, 39); Wolfgang Dethmers: (9 u, 15 u, 17 o, 37, Klappe außen); Gruga-Park, Essen: (12, 26, 53); Privat-Sammlungen in Großbritannien: (2 o, 23, 28, 32, 38); Privat-Sammlungen in Japan: (8 o, 9 (2), 10 u, 11 u, 14, 16 u, 21, 22, 33, 34, 40, Umschlagrückseite links; Horst Stahl: (1 l); Joachim Wendtland: (11 o); Bonsai-Galerie Helmut Rüger, Schöneck: alle anderen

JAPANISCHE FACHAUSDRÜCKE

Grundstilarten
streng aufrechte Form:
  Chokkan
frei aufrechte Form:
  Moyohgi
Besenform: Hokidachi
Kaskade: Kengai
gelehnte Form: Shakan
Halbkaskade: Han-Kengai
windgepeitschte Form:
  Fuki-nagashi
Literatenform: Bunjingi
Wurzelstamm: Neagari
Steinpflanzung: Seki-Joju
Doppelstamm: Sokan

Waldform: Yose-Ue
Mehrfachstamm: Kabudachi
Schildkrötenpanzer:
  Korabuki
Floßform: Ikadabuki
kriechende Form:
  Netsuranari

Bonsai-Größen (gemessen
Wurzelhals bis Baumspitze)
Fingerspitzen-Bonsai:
  Keshitsubu-Bonsai, bis
  7,5 cm hoch.
Miniatur-Bonsai: Mame-Bon-
  sai, 7,5 bis 15 cm hoch.

Klein-Bonsai: Ko-mono-Bon-
  sai, 15 bis 30 cm hoch.
Mittel-Bonsai: Chu-mono-
  Bonsai, 30 bis 60 cm hoch.
Groß-Bonsai: Dai-mono-Bon-
  sai sind 60 bis 120 cm
  hoch.

Baumteile
Wurzelhals: Nebari
Stamm: Miki
Baumspitze: Shin
erster Hauptast: Ichi-no-Eda
Rückseitenast: Ushiro-Eda
Vorderseitenast: Mae-no-Eda

PFLEGEKALENDER FÜR FREILANDBONSAI

Januar: Allgemein: Alle Bäume ohne Überwinterungsschutz werden nur an frostfreien Tagen bei Bedarf gegossen. An klaren, sonnigen Frosttagen dürfen die Bäume nicht in der prallen Sonne stehen, da es sonst zu Rissen in der Rinde kommt.
Bäume im Überwinterungsschutz werden gleichmäßig feucht gehalten. Hier darauf achten, daß die Temperaturen nicht über +10 °C ansteigen.

Februar: Umtopfen: Gesunde, winterharte Bäume mit weißen Wurzelspitzen können umge-topft werden. Danach vor Frost schützen.
Gießen: Umgetopfte Bäume ständig feucht, aber nicht zu naß halten. Alle anderen Bäume er-wachen aus dem Winterschlaf und brauchen einen ständig feuchten Boden.
Schneiden: Dickere Äste und abgestorbene Triebe können entfernt werden. Wundversorgung beachten!
Drahten: Sobald die Äste biegsamer werden, können sie eingedrahtet werden. Auf keinen Fall bei Frost drahten.

März: Umtopfen: Jetzt können noch Bäume umgetopft werden, deren Knospen gerade anzu-schwellen beginnen.
Schneiden: Mit dem Anschwellen der Knospen können wir erkennen, welche Triebe noch leben. Tote Triebe werden herausgeschnitten. Lebende Triebe auf Knospen mit der erwünschten Wuchsrichtung zurückschneiden.
Drahten: Bei schwellenden Knospen muß sehr vorsichtig gedrahtet werden, da diese schnell ab-brechen.
Allgemein: Schädlingsbefall kontrollieren, bei Befall Fachmann aufsuchen.

April: Umtopfen: Fichten und Wacholder können noch umgetopft werden.
Schneiden: Laubbäume werden in Form geschnitten. Nadelbäume jetzt nicht mehr stark be-schneiden: warten, bis die Kerzen sich strecken, dann Formerhaltungsarbeiten.
Drahten: Nadelbäume werden gedrahtet, Laubbäume nicht mehr.
Allgemein: Bereits ausgetriebene Bäume müssen vor Nachtfrösten geschützt werden.

Mai: <u>Gießen:</u> Ab jetzt täglich die Bodenfeuchte überprüfen.
<u>Düngen:</u> Alle ausgetriebenen Bäume können gedüngt werden, frisch umgetopfte noch nicht.
<u>Schneiden:</u> Bei vielen Laubbäumen kann bereits der erste Rückschnitt erforderlich sein. Bei Kiefern jetzt schon die ersten Kerzen kürzen.
<u>Allgemein:</u> Täglich auf Schädlingsbefall achten. Bei Bedarf Fachmann aufsuchen.

Juni: <u>Gießen:</u> Meist muß täglich gegossen werden.
<u>Düngen:</u> Ist jetzt besonders wichtig.
<u>Schneiden:</u> Spätestens jetzt müssen Kiefernkerzen der Art entsprechend beschnitten werden.
<u>Blattschnitt:</u> Bei sehr gesunden Laubbäumen mit ausgehärtetem Laub kann ein Blattschnitt durchgeführt werden.
<u>Drahten:</u> Die Triebe können nun gedrahtet werden. Blätter und Nadeln nicht mit eindrahten.

Juli: <u>Gießen:</u> Bei hohen Temperaturen eventuell mehrfach am Tag gießen. Dabei Blätter nicht benetzen: Wassertropfen auf den Blättern können zu Verbrennungen führen.
<u>Düngen:</u> Weiterhin gut düngen. Nach längerem Regen eine Extraportion Dünger geben.
<u>Schneiden:</u> Schnittwunden heilen besonders schnell ab. Stark wachsende Laubbäume werden regelmäßig zurückgeschnitten.
<u>Drahten:</u> Kontrolle! Es muß teilweise jetzt bereits entdrahtet werden.

August: <u>Gießen:</u> Der Wasserbedarf ist weiterhin hoch, und es muß vielfach mehrmals täglich gegossen werden.
<u>Düngen:</u> Bei den meisten Bäumen mit dem Düngen aufhören. Eventuell mit einem Kali-Phosphor-Dünger düngen. Das ist besonders bei allen blühenden und fruchtenden Arten wichtig.
<u>Schneiden:</u> Keine größeren Schnittmaßnahmen mehr durchführen, da sonst die Bäume noch einmal stark austreiben. Solche Bäume können sich nicht mehr ausreichend auf den Winterfrost vorbereiten.
<u>Drahten:</u> Jeden Tag müssen nun eingedrahtete Bäume kontrolliert werden. Sobald der Draht in die Rinde einzuschneiden beginnt, muß entdrahtet werden. Bis zum Frühjahr werden keine Bäume neu eingedrahtet.

September: <u>Allgemein:</u> Die Bäume bereiten sich langsam auf den Winter vor. Es sollten keine starken Schnittmaßnahmen mehr durchgeführt werden. Die fruchtenden Arten haben nun reifende Früchte.
<u>Gießen:</u> Der Jahreszeit entsprechend ist der Wasserbedarf der Bäume geringer geworden.
<u>Düngen:</u> Bis zum nächsten Frühjahr wird nicht mehr gedüngt.

Oktober: <u>Allgemein:</u> Nur an Buchen, Hainbuchen und Eichen verbleiben die braunen Blätter am Baum. Alle braunen Blätter an anderen Baumarten werden sorgfältig entfernt, da sie Brutstätten für Schädlinge sind.
Gleiches gilt für Kiefernnadeln, die braun geworden und herabgefallen sind. Diese Nadeln sollten sorgfältig auch vom Boden abgesammelt werden. Das eventuell vorgesehene Überwinterungsquartier wird vorbereitet.

November und **Dezember:** <u>Allgemein:</u> Falls erforderlich, befinden sich die Bäume im Winterquartier. Temperaturen bis –5 °C schaden den Freiland-Bonsai nicht. Erst wenn an mehreren Tagen nacheinander die Bäume eingefroren bleiben, droht die sogenannte Frosttrocknis. Die oberirdischen Pflanzenteile verdampfen weiterhin Wasser, welches von den eingefrorenen Wurzeln nicht nachgeliefert werden kann.
Auf keinen Fall dürfen die Bäume aus der Winterruhe in einen geheizten Wohnraum gebracht werden. Die Winterruhe wird dadurch aufgehoben, und es drohen nachhaltige Schäden.